発達障害のある子どもの

視覚認知トレーニング
改訂版

本多和子 著

はじめに

　私たちが何かをするとき、それがどんなに慣れている行動でも、たくさんの感覚を複雑に利用しています。身の回りの情報は、視覚、聴覚、臭覚、味覚，触覚などの五感をとおして取り込まれますが、私たちは、それらを別々に処理しているのではなく、頭の中でまとめて外界を理解しています。

　私たちは、生きている限り身体のあらゆる感覚を駆使し、絶え間なく何かを感じているわけですが、その中で最も活用しているのが視覚だといわれています。

　著者は、子どもの視覚情報処理のあり方が、日常生活や勉学に影響していることについて、今日まで多くの方と有意義な議論をさせていただきました。発達支援に携わる現場の先生方は、子どもによっては見たものを適切に理解しにくいということに、すでに問題意識をもたれていました。

　一方で、「発達」や「認知」という言葉になじみが薄い領域では、視覚認知に問題のある子どもに関して、表面的な成績の差だけが話題にされがちであることも否めません。そうした子どもは、自分の認識している世界以外を知るよしもないので、周囲に「見て理解できない」というサインを送れないまま、気づかれない傾向にあります。

　単に見えることと、対象に関して理解できることは別です。ものを見るしくみには脳の発達が深く関わっており、視覚情報処理の問題が学習障害の原因のすべてとはいえませんが、大きな要因の一つであることは間違いありません。

　この本は、著者の元勤務先である NPO 法人翔和学園（東京都中野区）における視覚認知トレーニングの実践経験を踏まえて成り立っています。翔和学園は、発達障害のある小学生から高校卒業後の生徒たち、約 100 名が在籍する民間教育機関です。ここでは生徒全員が視覚認知検査を受け、その結果をもとに視覚認知トレーニングに励んでいます。こうしたトレーニングを続ける持続力は、子どもの意欲につながる楽しい発想と激励の気持ちが欠かせません。もたらされたトレーニング効果は、現場教師の貢献と、何よりも生徒たちの誠実な努力の賜物と考えています。

　この本をとおして、視覚認知の発達に支援が必要な場合のトレーニングを紹介しつつ、その効果を共に確認できれば、このうえなく幸いです。

目次

目 次

1章

苦手なのは視覚認知の
問題かもしれない

視覚認知ってなに？

一般的に、何かものを「見る」という場合、それがはっきり見えないと困るので、視力の良しあしを思い浮かべます。見たいものがくっきり見えないと情報を取り入れにくいですから、適切な視力はとても大切です。近視、遠視、乱視などの屈折異常がある場合、眼科のお医者さんに、眼鏡などによる視力矯正を指導してもらいましょう。

この本では、そうした視力の大切さを踏まえたうえで、「視覚認知」の話を進めていきます。

「視覚認知」という言葉ですが、「認知」は英語で「cognition（コグニション）」と言い、語源はラテン語で「知る（cognoscere）」という意味です。つまり、「視覚認知」とは、私たちが「見る」ことで外界の情報を取り入れて、それについて理解することであり、それは私たちのあらゆる判断や行動の源といっても過言ではありません。

そこで、この本では、眼科医学的な器官としての「眼」という漢字を使わず、それを含めた内側の視覚情報処理過程全体を表す意味で、「目」という表現でお話を進めていきます。

さて、イラストの子どもたちは、手のひらの上の「何か」を見ながら楽しそうにしています。彼らが何を見ているのか、実は、この絵を描いた人にもわかりません。みなさんは、どんな想像をしますか。思い浮かべたものは、ひょっとして、かつて自分が見つけてうれしかった物かもしれませんね。大人にとってはありふれたものでも、子どもにとっては新鮮な宝物であることがあります。

子どもの発達にとって、見て理解できること、すなわち視覚認知能力の充実は、勉学面だけではなく生活全体をとても豊かにしていきます。

一方、子どもが、見たものに関して周りの人と同じ認識ができないとしたら、生活の中でいろいろな支障が生じます。

勉強に集中することも、友だちと楽しく遊ぶことも、難しくなってしまいます。

苦手さは視覚認知の問題かもしれない？

以下に、視覚認知に関係する苦手さチェックリストがあります。これらの項目は、視覚認知を含む全体的な発達に問題がない子どもの場合、ほとんど当てはまりません。

子どもの苦手さが、チェックリストのいくつかに当てはまる場合、発達支援が望まれます。後述するトレーニングを試みましょう。

視覚認知のチェックリスト

※勉強に関係することは、就学年齢に達した子どもを想定してください。

❶ ☐ 見なさいという指示に従えない。

❷ ☐ 左右を覚えられない。あるいは間違えやすい。

❸ ☐ よく迷子になる。

❹ ☐ 探し物をうまく見つけられない。

❺ ☐ 黒板に書かれたことを、ノートに写せない。

❻ ☐ 文字を覚えられない。

❼ ☐ 覚えているはずの似たような文字を間違える。

❽ ☐ 年齢相応の絵や本の挿絵を理解できない。お絵かきがまとまらない。

❾ ☐ 手作業が不器用である。

❿ ☐ 人のしぐさのまねができない。お遊戯やジェスチャーが苦手である。

⓫ ☐ ボール遊びやそれに類する体育が苦手である。

⓬ ☐ 身体のバランスを崩しやすい。物につまずいたり、人にぶつかる。

⓭ ☐ 文章の行を飛ばし読みしたり、同じところを重複して読んでしまう。

⓮ ☐ 整然と数字を並べられず、筆算が苦手である。

⓯ ☐ 図形の問題が苦手である。

視覚の働きを体験する

見たものを把握できる子どもは、いろいろなものを楽しむことができ、さらに高い認知能力を育むことができます。たとえば、周囲の様子を見て何が起きているか理解できれば、必然的に適切な行動がとれます。そして、行動の積み重ねは、さらに制御された身体運動の発達にもつながるでしょう。

もし、子どもに前述のチェックリストにあるような問題がある場合、その発達の特徴を意識した支援が必要です。そのためには、子どものつまずきの内容を把握することが、支援の目標設定に役立つと思われます。

そこで、子どもの発達上、視覚がどのような役割を果たしているのかを整理してみましょう。

視覚認知のテスト

視覚の各働きを体験できるように、次ページからそれぞれの項目に「問題」を設けました。視覚認知検査の問題をそのまま紹介することは、検査の有用性のために好ましくないので、それらを参考に作成したものです。

各項目の難易度は、【問1】は基礎問題、【問2】はおおよそ5歳まで、【問3】は7歳ぐらいまでを想定して作成しました。答えは、各項目の【問3】のページ下にあります。

▶色や形の認識

物の色や形を認識することで、「同じもの」、「異なるもの」という基本的な分別が可能になります。形の認識は、後述する空間把握能力の発達が基礎となって、水平、垂直、斜めさ加減をつかむことで成り立ちます。

こうした認識があやふやだと、同じものを見ても確信をもって同じだと判断できず、類似しているものは、どれも「なんとなく、同じ」というふうになりかねません。

また、たくさんのものがあったとき、仲間分け（カテゴリー化）して整理するためにも、色や形の認識能力は必要です。

ちなみに、1歳後半には、まだ形の名称を知らなくても、積み木の円、四角形、三角形を分別することができます。5歳後半ころには、自分でもそれらの基本的な図形を描けることが期待されます。

形の認識 見本と同じ形は、下の1～5のどれでしょう？

【問1】

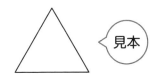

見本

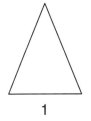

1

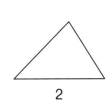

2

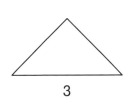

3

4

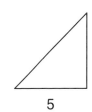

5

【問2】

 見本

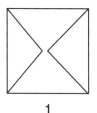　　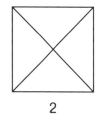　　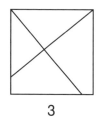　　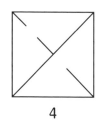　　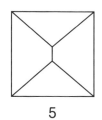

1　　　　　2　　　　　3　　　　　4　　　　　5

【問3】

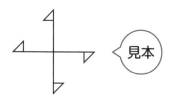 見本

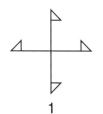　　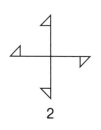　　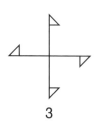　　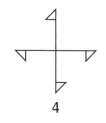　　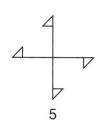

1　　　　　2　　　　　3　　　　　4　　　　　5

答え 問1：4 問2：2 問3：5

▶恒常性の維持

恒常性の維持というのは、あるものが置かれた環境や条件が変わっても、同じものはいつも同じであると認識できることです。

おおよそ2歳になると、基本的な形に関して大きさの比較が可能になる一方、形の名称は知らなくても、たとえば、大きくても小さくても円は円であると恒常性をもって認識できるようになります。幼児期に、同じ形の穴やくぼみに型をはめ込むパズルで遊ぶことは、視覚情報の認識とその恒常性の発達に即しています。

また、学童期には、単に形だけではなく、その意味や特徴がつかめないと恒常性を維持することが難しい場合があります。たとえば、文字やマークは日常のさまざまな場面にあふれていますが、一つの漢字が、本に印刷されているものと学校の先生が黒板に書いたものが同じであると受け取れてこそ、情報を利用できます。

発達上、子どもが獲得した能力を使うことは楽しいことであり、学習においてもそれに即した課題が必要です。したがって、子どもによっては学齢期においても知育玩具や日常の具体物を、体験的に見て触れさせることが支援となります。

恒常性の維持 見本と同じ形は、下の1〜5のどれでしょう？

【問1】 同じ形を含んでいるのはどれでしょう？

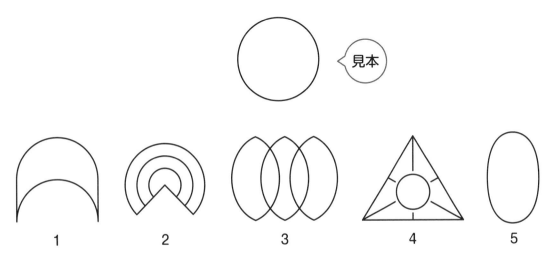

【問2】 見本と同じ形は
どれでしょう？

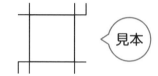

見本

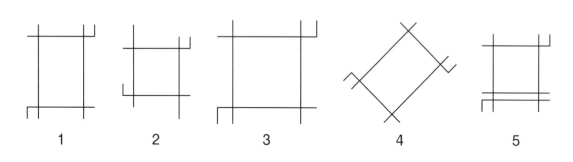

1 2 3 4 5

【問3】 見本と同じ形は
どれでしょう？

見本

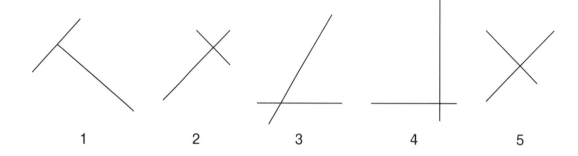

1 2 3 4 5

▶図と地の弁別

「図」とは見るべき対象のことで、「地」とは、それを取り巻く無用な背景のことです。したがって、「図と地の弁別」とは、自分にとって必要な視覚的情報だけを、多くの情報の中から取り出す能力です。

日常生活では、見ている景色の何が「図」で、何が「地」であるか、常に確定しているとは限りません。

たとえば、いろいろな勉強道具が載っている机の上で消しゴムを探すときは、視界の中の消しゴムが「図」で、机の表面や積まれた本やノート、鉛筆といった他のものは「地」にあたります。

また、ある本を探そうとしたら、今度は消しゴムを含めた他のものが「地」となる一方、肝心な本は「図」として、ノートの下から背表紙だけが、ちょっと見えているだけかもしれません。

図と地の弁別が苦手な子どもは、多くの場合、見えていないのではなく、自分がつかむべき視覚情報を頭の中で整理できない傾向があります。目的のものを探すためには、それがどのような特徴のものであるか意識しつつ、前述の恒常性を伴って頭の中でイメージできることも大切です。それができると、目的の本の一部がちらっと見えただけで、苦労せずにそれを見つけることができます。

本の文字列から要点となる言葉を拾い出すときにも、意味を伴った図と地の弁別能力は必要です。

たとえば、学校の教室で先生が、「45ページの中ほどに○○について書いてありますね」と伝えても、子どもによっては、言われた辺りをさらっと確認できず、それを見つけられない場合は、「指でなぞって探してみましょう」などの方略も加えて伝える必要があります。

図と地の弁別 見本と同じ形は、下の1～4のどれにあるでしょう？

【問1】

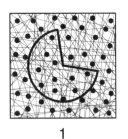

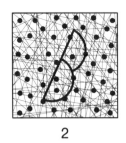

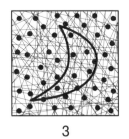

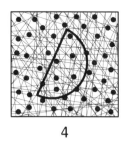

| 1 | 2 | 3 | 4 |

【問2】

| 1 | 2 | 3 | 4 |

【問３】　下の枠の中から見本と同じ形・同じ大きさの図形を探しましょう

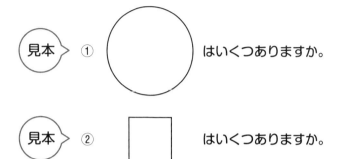

見本 ＞ ①　　　　はいくつありますか。

見本 ＞ ②　　　　はいくつありますか。

▶視覚情報の記憶

視覚に限らず、記憶には大きく分けて短期記憶と長期記憶があります。**短期記憶**とは、必要な情報を30秒程度の短い時間覚えておく記憶です。そして、それを繰り返し学習すると、長期記憶としてずっと覚えておくことができます。

ちなみに、滞りなく作業するための短期記憶を**ワーキングメモリー**（作業記憶）といいます。黒板の内容を手元のノートに写すまでの短い間にも、ワーキングメモリーは必要です。

見たものが短時間でも記憶に残らないと、刻一刻と身の回りで起こる出来事や人の行動を、うまく関係付けることが難しくなります。ワーキングメモリーが弱いと、作業をしていても「あれ、なんだったっけ？」と、いつも手順を確認しなくてはならないし、かろうじて留めた記憶の断片を、自分なりに組み合わせて判断したら、思い込みや勘違いだったということにもなりかねません。

どの場面の記憶でも、まずは正確な情報を入力し、それを保てることが重要であり、そのためにも視覚からの情報は不可欠です。

視覚情報の記憶 1問ずつ、5秒間見て覚えたら、次ページの中から同じものを1つ選びましょう。

【問1】 5秒間見て覚えましょう

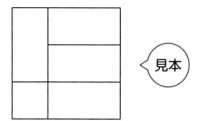

見本

どれだったでしょう？

【問1】の選択肢

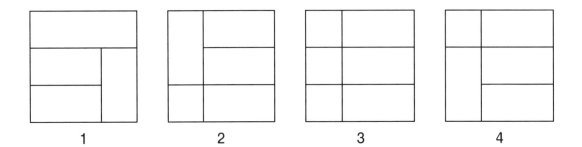

【問２】　５秒間見て覚えましょう

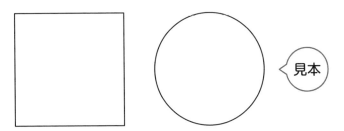

どれだったでしょう？

【問2】の選択肢

1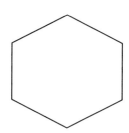

2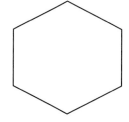

3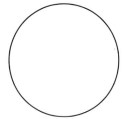

4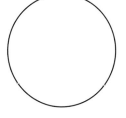

【問3】 　５秒間見て覚えましょう

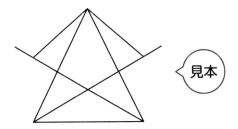

見本

どれだったでしょう？

【問3】の選択肢

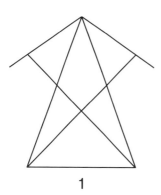

1

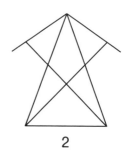

2

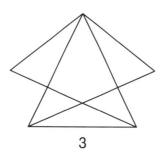

3

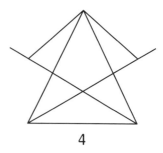

4

▶部分と全体のイメージ

見えないものをイメージするには、部分の分析と、いくつもの部分の統合力（まとめる力）が必要です。視覚的に小刻みな手がかりを与えられた場合、それらを適切に統合できないと、全体としての意味が見いだせません。

視覚的な統合を、カニッツァという心理学者が提唱した錯視図形で体験してみましょう（図1）。

カニッツァの三角形　Kanizsa(1955)

カニッツァの図形では、複数の細かい図形に囲まれて、中央に白抜きの正三角形が見えるのが一般的です。この白い三角形は、実線の輪郭があるわけではないので、私たちが、見えない部分に関しても意味を補って見ていることが体験できます。

多くの人は、こうした能力によって空間をまとまりのある世界として認識することができ、逆に、何かの全体像を見た際に、その要素を分解して、どういうものでできているのかを分析することにもつながります。

こうした傾向は、言葉や文字に関しても生じます。

図2　THE CAT

図2-1

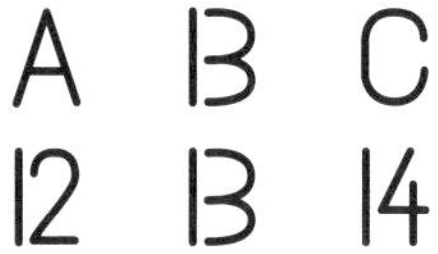

A B C
12 13 14

図2-2

Biederman(1981)

図2にある言葉を読んでみましょう。客観的には同じ形体の文字を、文脈に応じて異なって読む体験ができます。図2－1の文字列は「THE CAT（ザ　キャット）」と読みとれますが、「H」と[A]にあたる文字は、実は同じ形で、このどちらつかずの形を、私たちは必要に応じて意味が通るように解釈しているのです。

また、図2－2の上段は「A・B・C」、下段は「12・13・14」と読みとれますが、ここでも「B」と「13」は、同じ形です。

多くの人は、言葉をまとまりとして捉え、文脈に合った読解ができます。私たちは、多少のあやふやさに対して、こうした共通の傾向があるので、互いに効率よく情報の交換ができるのです。

部分と全体のイメージ 線をつなぐと見本と同じ形になるのはどれでしょう？

【問1】

【問2】

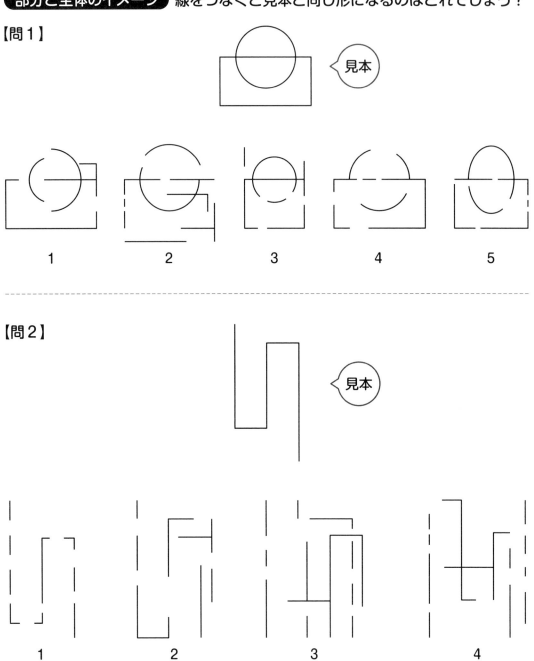

【問３】

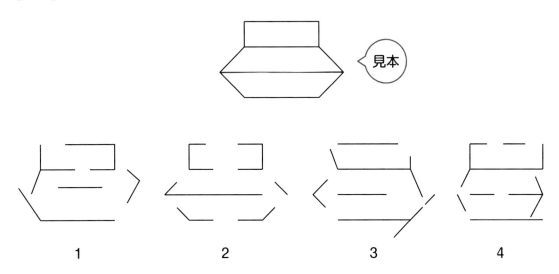

見本

1　　　　　2　　　　　3　　　　　4

▶空間感覚

　空間感覚とは、身体の平衡を保ったり方向や位置をつかむ感覚です。この感覚のおかげで、自分の身体が、どこにどのように存在しているのかを理解することができます。空間感覚の能力を、子どもの発達全体を通してみてみましょう。

　新生児期から生後４～５か月ころまでの赤ちゃんには、**原始反射**と呼ばれる不随意運動が見られます。たとえば、赤ちゃんに大きな音や振動が伝わると、びっくりしたように両手をぱっと伸ばしますが、これは生まれながらに危険な状態に反応する原始反射の一つで、報告した学者の名前からモロー反射と呼ばれています。これと似た運動が母親にしがみつこうとする幼いサルにも見られます。

　本来、原始反射は、赤ちゃんが未知の危険に対処するために重要な運動です。

　しかし、原始反射は、生後６か月以降は影をひそめ、やがてお座りや歩行をするための**姿勢反射**に移行することが期待されます。今度は、平衡感覚の発達です。

　主な姿勢反射にパラシュート反射があります。赤ちゃんを抱き上げて頭のほうから下に置こうとすると、赤ちゃんはそのまま逆さに落ちるのを防ぐように両手を前に出します。また、座った状態の赤

ちゃんを横に押し倒そうとしても、赤ちゃんは、傾く方向に腕を出して倒れるのを防ごうとします。

ひょい！

姿勢反射

　姿勢反射は生涯を通して大切です。平衡を保つためには、自分の姿勢と空間の関係を把握する必要があります。つまり、自分のいる世界の中で、自分が傾いているのかいないのか、傾いているとするならどのくらい傾いているのか、それがつかめないとまっすぐな姿勢に戻れません。子どもは、周りを見ることで空間の中の水平、垂直、あるいは斜めさ加減の方向感覚を獲得します。そして、自分を軸にして、周りに見える人や物の方向や位置も把握していきます。

　こうした発達の過程で、６歳ころには左右の概念を獲得していきます。

　空間感覚は、今まで述べた視覚の働きを含む視覚全体の基礎をなしています。したがって、その能力の確認には包括的な観点が必要ですが、次にあげるのは線の方向にからむ左右の概念の問題です。

空間感覚 一つだけ違う形（反対向きの形）があります。どれでしょう？

【問1】

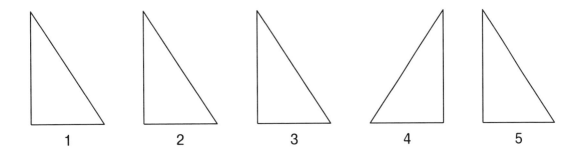

【問2】

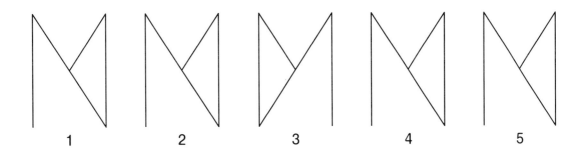

【問3】

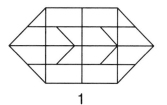

1

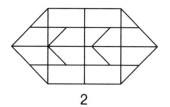

2

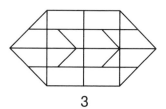

3

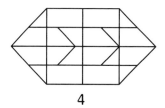

4

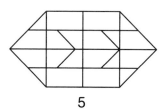

5

眼球運動の必要性

▶眼球運動は視覚認知能力の基盤

　眼球運動の状態が認知能力そのものではありませんが、適切なものに視線を向けて視覚情報を取り込むためには大切な機能です。適切なものへの視線運びには、空間感覚の発達が重要です。ここでは、その視線運び、すなわち眼球運動の必要性についてお話ししていきます。

　私たちの目の中には、見たものの像を映す網膜がありますが、網膜上のどこでもくっきり見えるわけではありません。解像度がもっとも優れているのは、瞳の正面から入った光を捉える中心窩という部分です（**図3**）。視力検査で測定されるのは、この中心窩で見た視力です。中心窩から少しでも外れると、視力は非常に低くなります。

　中心窩で捉えることができるのは、1メートル先なら直径約3.5センチ、10メートル先なら直径約35センチと、とても狭い範囲です。

　手作業では目から手元まで約35～40センチほどの距離ですから、最高の視力で見ることができる範囲は、ほんの直径1.5センチ弱の狭い世界ということになります。

　見るべきものを中心窩でくっきりと捉えるために、そこに目を向ける必要があります。それが眼球運動の重要性です。

　さて、ものを見るとき、よく見える範囲は狭いと述べましたが、自分はもっと大きなものでも全部一度に見えるのに、と思った人もいるでしょう。確かにそうです。

　では、私たちは、どのようにして、広い世界を捉えているのでしょう。次ページの**図4**を見てください。写真に重ねて描かれた線は、ある被験者（実験を受けてくれた人）が、顔写真を1分間見たときの視線の軌跡です（まばたきは省いて処理）。ちなみに被験者には、写真の人物をしっかり認識してもらうために「こ

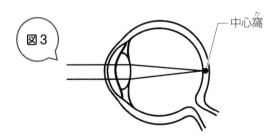

図3　中心窩

の人物を、あとで絵に描いてもらいますよ」と指示しました。漠然と見るときと目的があるときでは、認知の内容が異なります。被験者が、人物の特徴を捉えようとして、視線を1枚の写真の中でせわしなく動かしていることがわかります。

図4

正面向きの顔写真を見たときの視線の軌跡

さて、写真をよく見ると、視線の軌跡の線に多くの節があります。これは、そこで視線が一瞬留まっている（停留）こ

とを意味します。そして、視線が節から別の節へ、ぱっとすばやく移動している様子がうかがえます。

ちなみに、こうした眼球運動を**衝動性眼球運動**といいます。詳しくは後述しますが、ここでお伝えしたいことは、私たちがものを見るとき、繊細な眼球運動によって対象の要所に視線を動かし、そうした部分の情報をまとめて、あたかも一つの視界として把握しているということです。

この実験では被験者は静止した写真を見ていますが、日常では、見たいものが動いている場合もあります。さらにボール遊びや鬼ごっこのように、それを見ている自分自身も動きながら追視している場合もあります。

適切な眼球運動機能の発達は、学習やスポーツを楽にし、興味や意欲に大きな意味をもつことでしょう。

注　意

この本でお伝えする眼球運動機能は、医学的疾患がないことを前提に述べています。なんらかの疾患が、眼球運動機能に影響している場合、医師の指示に従いましょう。疾患上トレーニングが好ましくない場合は、施行しないでください。

目と手の協応 〜「指さし」のはたらき〜

　「目と手の協応」とは、視覚情報を目的ある手の動きに生かすことです。目と手の協応能力が充実していると、器用にイメージどおりの手作業ができます。ちなみに、手作業などの精密な動きを微細運動といい、歩くことをはじめスポーツなど身体全体の動きを粗大運動といいます。

　ここでは、基本的な目と手の協応を求められる「指差し」についてお伝えしましょう。

▶線なぞり

　指さしは、一般的な発達検査において大切なチェックポイントです。子どもが他者の指さし方向に反応するのは生後10か月前後であり、1歳前半ころには自分の興味の対象を、周りの人にも見てほしくて指さし行動が見られます。指さしの有無は社会性の発達においても大切な観点です。

　さて、このようにある程度離れた対象への指さしもさることながら、視覚認知の観点からは目の前のポイントを正確に示せることも重要です。

　私は、後述するVMI（Developmental Test of Visual-Motor Integration、模写をとおして目と手の協応能力を評価する検査）の結果が平均に届かない学童期の子どもたちに、指さしで線なぞりができるかを確認することにしています。短時間で可能なので、子どもに不器用さがみられる場合、教育現場や家庭でぜひ試してみてください。

　まず、私が利き手の人差し指をしっかり上向きに立てて見せ、そのしぐさを子どもにまねさせます。これを「ナンバーワンの手」と称して楽しくやっています。

ナンバーワンの手

そして、私が、そのままの手の形で、あらかじめ書いておいた線を、図5のようになぞって見せます。

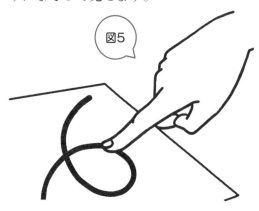

図5

次に、それを子どもにまねさせます。その時点では、子どもの自然なパフォーマンスが見たいので、注意事項などは言わずに観察します。すると、彼らの多くは、せっかく整えた指さしの手を開いて、図6のような手で線をなぞります。

図6

子どもは素直にまねしているつもりですが、線をなぞるというより、複数の指であやふやになでるにとどまることもあります。

そこで、もう一度、指さしの形を整えて、今度はそれを保って線をなぞるよう促します。このように意識すれば、すぐに人差し指1本で線をなぞりだす子どももいますが、支援を要するケースもあります。目と手の協応が苦手で、いわゆる不器用さがある子どもたちです。

こうした子どもにとって、指差しの線なぞりは一つのまとまった作業ではなく、手の形を保つこと、線を見ること、指先の動きを連続的にコントロールすることなど、複雑な多重タスクなのでしょう。

▶漢字学習

たとえば、漢字学習の過程で大きく書いた文字をなぞらせることがあります。眼球運動が苦手で、視線だけで文字全体をスキャンできない子どもは、指でなぞることで隅々まで確認できるので有意義な方法です。ただ、1点をポイントした指さしを使わないと1本の線の行方を認識しにくいものです。指差しの行方があやふやで線をなぞれず、漢字の交点で別の方向に進むようなケースの場合、視線

だけで書き順を追うことはさらに難しいことでしょう。

また、鉛筆で書くときは、ポイントが指先からさらに数センチ離れるので、ま

すます目と手の協応が複雑になります。ちなみに、自分の指先のイメージが確実でないと、筆記に限らず、いろいろな手工具を使ってうまく仕事をすることが難しくなります。

　この本の各トレーニングの「ねらい」に「目と手の協応」とあるものは、こうした機能の発達支援を含みますが、日常の手伝いや身辺自立作業の経験にも、目と手の協応を育むたくさんのチャンスがあります。

2章

視覚認知トレーニング

視覚認知トレーニングの構成

　ものを見るしくみには、脳の発達が深く関わっています。視覚の問題が学習しにくさの原因のすべてではありませんが、大きな要因の一つであることは間違いありません。他の能力と兼ね合わせながら、子どもの視覚認知能力を捉えましょう。

　3章で主な視覚認知検査を紹介していますので、参考にしてください。

　この本の視覚認知トレーニングは、教育現場だけではなく、家庭でもできることを心がけて紹介します。

　表1「視覚認知トレーニングの構成」は、トレーニングの概要をまとめたものです。トレーニングナンバー（No.）は、連番になっています。各トレーニングは、いろいろな要素が含まれますが、主な目的に●印が付いています。

大分類	中分類	No.	トレーニング	頁	固視（中心視）	周辺視	両眼視機能（輻輳と開散）	ゆっくり眼球運動（追従性眼球運動）	すばやい眼球運動（衝動性眼球運動）	色や形の認識	恒常性の維持	図と地の弁別	視覚情報の記憶	部分と全体（分析・イメージ）	身体の中の方向感覚	目と手の協応（微細運動）	目と身体の協応（粗大運動）
					視覚認知の基盤 — 眼球運動					**視覚認知**					**空間感覚**		
眼球運動を促すトレーニング課題	基本	1	見つめよう	43頁	●												
		2	寄り目	46頁			●										
		3	ゆっくり眼球運動	49頁				●									
		4	すばやい眼球運動	52頁					●								
	応用	5	視線迷路	54頁				●					●				
		6	ブロックストリング	56頁	●	●	●						●				
		7	数字ボード	60頁					●	●				●			
		8	アンダーラインの数字	62頁					●	●			●	●			
		9	カードの分別	64頁		●			●	●							
		10	ばらばら数字カード	66頁		●			●	●		●			●		
視覚認知能力の活用トレーニング		11	上下左右の器	70頁												●	●
		12	じゃんけん	72頁						●		●				●	●
		13	ストロー通し	74頁												●	●
		14	見ながらうなずく	76頁												●	●
		15	タッチ＆タッチ	78頁							●					●	●
		16	両手のダンス	80頁						●		●				●	●
		17	矢印	82頁						●		●					●
		18	足踏み	84頁													●
		19	つるしたボール	86頁												●	●
		20	バランス棒渡り	88頁													●
		21	バランスボード	90頁													●
		22	トレイの上のコマ	92頁												●	●
		23	いろいろな図形の分類	94頁						●	●			●			●
		24	ついたての向こう	97頁						●			●	●			
		25	点を結んで図形の完成	99頁						●		●		●			
		26	数字の記憶	101頁						●			●				
		27	図形の記憶	104頁						●			●		●	●	

※ No.11〜27 の眼球運動欄には「いろいろな眼球運動の利用」と記載されている。

表1 視覚認知トレーニングの構成

1 眼球運動の確認と基本トレーニング

この本では、眼球運動機能の確認やトレーニングをとおして子どもを支援する人を**サポーター**と呼びます。子どもの環境に合わせて、教育現場の先生や保護者などが、サポーターになりましょう。

まずは、情報を取り込むために大切な眼球運動の様子を確認します。

ここでは、ＮＳＵＣＯ（Northeastern State University College of Optometry Oculomotor Test）という眼球運動検査にそって説明していきます。

眼球運動機能の確認では、子どもに棒状の**指標**を見せます。指標は、割り箸や鉛筆で簡単に作れます。**写真**は、割り箸の端に約１センチほどの赤と青のシールを貼ったものです。子どもにこのシール部分を注目させて、いろいろな眼球運動の確認をします。

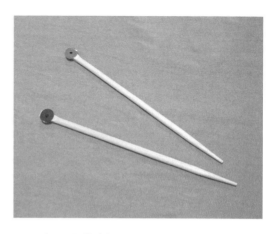

こうした指標では、小さすぎて子どもが注意を向けられない場合、用紙にもっと大きな絵を描いたり、ぬいぐるみを使うなど、まずはできることから始めて、徐々に小さな指標を使いましょう。

No.1 固視の確認

　上のイラストのように見たいものをじっと見つめることができると、いろいろな観察ができます。

　ぼんやりしていても、私たちの網膜には何かしら映っていますが、ここでいう「見つめる」という意味は、見たいもの、つまり見るべきものに注意を向け続けるということであり、逆に言えば、目の動きを抑制するということです。

　この安定して見つめる機能を「固視」といいます。私たちがものを見るとき、たいがいはそれを視野の中央に捉えて中心視をしつつ固視をします。

　ちなみに、視界の中で周りの様子を意識に入れた見方を、**周辺視**といいます。スポーツではこうした周辺視も重要です。しかし、まずは、目の前のものに落ち着いて注意を向けて固視できることが望まれます。

　ここでは、固視の確認のために、１本の指標を使います。

　指標は、子どもの顔の正面30～40センチくらいの距離で見せます。それは子どもにとって、ちょうど自分の手元くらいの距離です。

　サポーターは、子どもにあらかじめ指標がどのようなものかを簡単に見せておきましょう。そして、見つめさせる時間に区切りをつけるために、いったん指標を手で覆い隠し、あらためて「これを、よいと言うまで見ていてください」と指示し、指標を10秒間、見せます（**図１**）。ちなみに、まばたきをすることは自然なことであり、問題にしません。

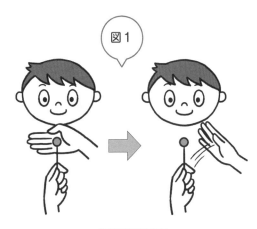

図1

指標の見せ方

サポーターによる確認の手順（使う物：指標１本）

❶ 子どもの目から30〜40センチのところに、指標を構える。

❷ 「これを、よいと言うまで見ていてください」と言い、指標を見せる。

❸ 10秒を測りながら、子どもの視線、姿勢など、全体を観察する。

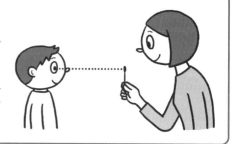

**観察の
ポイント**

子どもによっては、10秒に至る前に、数秒で注意が指標からそれ、それ以後、外れたままになるケースや、頻繁（ひんぱん）に外れても、その都度、視線が指標に戻るケースもあるでしょう。

10秒間見つめられた場合も、まなざしがリラックスしていたか、あるいは、不自然に力を入れて目を見開いていたかなど、サポーターは子どもの様子をよく観察しましょう。

眼球運動の動画

YouTube動画で、指標を使った眼球運動の確認の様子などを見ていただけます。眼球の動きに注目してください。

**「発達障害のある子どもの
視覚認知トレーニング改訂版」チャンネル**
https://kids.gakken.co.jp/vp_download01

NO. 1 ❶眼球運動の確認と基本トレーニング
見つめよう（固視のトレーニング）

● ねらい	安定して見つめる（固視）の向上
● トレーニング課題	1本の指標を見つめる
● 道具	指標　1本

　前述の確認の手順は、それ自体をトレーニングとして活用できます。

　子ども自身が、何をほんの少し努力すればよいのかをわかるように目標を立てましょう。たとえば、2秒間の固視ができたなら、3秒を目標にします。あるいは、5回視線が外れるというならば、持続の長さよりも外れる回数を4回にしようといった達成可能な目標を立てましょう。

　もし、子どもが力んで目を見開いているようなら、一度ぎゅっと目を閉じさせたあと、ふわっと目を開かせることで、リラックスした感じをつかませましょう。

　注意の集中が苦手な場合は、指標を子ども自身に指さしさせると改善することがあります。

No.2 両眼視の確認

　両方の目で、一つのものを見ることを「両眼視」といいます。

　両眼視することで、立体感や奥行き感がつかめます。人の左右の目は約6.5センチ離れているので、それぞれの目に映る像には、距離に応じて多少のズレ（両眼視差）が生じます。

　みなさんも、イラストの女の子がトンボを見ているように、目の前に人さし指を立て、片目ずつウインクして見てください。左右の目で指と背景がズレていることがわかります。私たちは、これらを脳の中で一体にすることで、鮮やかに空間をつかんでいます。

　両眼視機能に困難があると、たとえば、階段の昇降時にどのくらい足を上げ下げしたらよいのか、また、何かを手に取るときは、どのくらい腕を伸ばす必要があるのか、距離感がつかみにくく、ちょっとしたしぐさにミスが生じかねません。両眼視だけが立体感や奥行き感をつかむ力ではありませんが、両眼視ができると遠近が楽に把握できます。

　1本の指標を使って、子どもの両眼視機能を確認しましょう。

　両眼視の確認は、指標に向けていわゆる「寄り目」ができるかを観察します。この両目を同時に内側へ寄せる眼球運動の機能を「輻輳（ふくそう）」といいます。

　ちなみに、徐々に遠方に視線を向けた目が輻輳を解く状態を、「開散（かいさん）」といいますが、ここでは輻輳から開散への一連の眼球運動を、寄り目を通して説明します。

　まず、サポーターは、子どもの目から40

注　意

　コンピューターやテレビなどで奥行きが表現された映像は、画面までは距離が一定なので、奥行きをつかむ両眼視機能が自在に促されているわけではありません。

　この本のダウンロード教材には、画面を見るだけで眼球運動トレーニングできるプログラムは含まれていません。アプリは後述のトレーニング「じゃんけん（p72）」「両手のダンス（p80）」「矢印（p82）」「数字の記憶（p101）」「図形の記憶（p104）」で使用します。

センチほどの距離で正面に指標を構えます。そして、ゆっくりと指標を子どもの目頭、鼻の付け根に向けて近づけていきます。

目から7センチくらいの近さまで寄り目ができることが望まれます。次に、そこからゆっくりと指標を子どもから遠ざけます。子どもが両眼視していれば、指標が遠ざかるにしたがい徐々に寄り目の状態が解かれるはずです。

両眼視できれば、子どもにとって指標が1本に見えるはずです。一方、両眼視していない場合は、ぼやけて2本に見えるはずです。しかし、子どもが、自分が見ている世界を客観的に報告できるとは限らないので、サポーターが子どもの視線を観察しましょう。

ちなみに、斜視などの疾患や外傷で、すでに片眼視が余儀ない場合、ここに述べる両眼視のトレーニングは避けます。周囲の物との位置関係や物の重なりから遠近を把握するなど、体験的に空間をつかむように促しましょう。

サポーターによる確認の手順 （使う物：指標1本）

※子どもに斜視がある場合は、施行しない。

❶ 子どもの顔の前方中央に、約40センチ離して1本の指標を構える。

❷ 「これを、見続けなさい」と言い、子どもの目頭の間に向かって7センチほどの距離まで、指標を徐々に近づける。

❸ 寄り目が可能な距離や状態を観察する。

❹ 子どもから、指標を徐々に遠ざける。

❺ 指標にそって、元に戻る子どもの目の様子を観察する。

観察のポイント

指標が遠くにあるときは、両方の目をそれに向けることができても、近づくにつれてどちらか一方の目が、ふっと外側にそれる場合があります。その際、子どもによっては、片目だけで見ていることを自覚していないことがあります。指標に向けられていない目の網膜にも、別の方向の何かしらが映っているにもかかわらず、ものが二重に見えることを防ぐために、その情報を脳が解析していない状態です。

もし、20～30センチの距離で片目が指標からそれる場合、日常でも手元を見るときに、両眼視機能が生かされていない可能性があります。どの距離にある対象でも楽に両方の目で捉えることが期待されます。

NO. ① 眼球運動の確認と基本トレーニング

2 | 寄り目 (両眼視のトレーニング)

● ねらい	両眼視 (輻輳と開散) の向上
● トレーニング課題	徐々に近づき遠ざかる1本の指標を両眼視する
● 道具	指標 1本

確認のための前述の手順は、それ自体をトレーニングとしても活用できます。

子どもに斜視がないにもかかわらず、図2のように片目だけで指標を見ている場合、サポーターは、あえて見ているほうの目をふさぎ、活用していないもう片方の目で指標を見ざるをえないようにします。うまくいくと、その目からの情報が印象付けられて、次の瞬間から両眼視する場合があります。しかし、習慣的に一方の目で見る傾向があるので、多くは再び元に戻りやすく、日々トレーニングをすることが望まれます。

ちなみに、子どもの目をふさぐ場合は、サポーターが目を圧迫しないようにやさしく伏せて、開けたときに子どもの目がかすまないように気遣いましょう。

図2 本人の右目がそれて輻輳しない子どもの例

❶左目だけでターゲットを見ている。

❷左目を隠して、右目で見ることを促す。

❸再び、両目でターゲットを見せる。

No.3 ゆっくり眼球運動の確認（追従性眼球運動）

ゆっくり飛んでいる虫を視線で追うような目の動きを**追従性眼球運動**（Pursuit eye movement）といいます。ここでは、「**ゆっくり眼球運動**」と呼ぶことにしましょう。

子どもが、ゆっくり眼球運動が苦手だと、たとえば学校の先生が漢字を書いて見せても、その運筆にそって見続けられず、書き順を理解できないといったことが起こりえます。

1本の指標を使って、子どものゆっくり眼球運動の確認をしましょう。

サポーターは、子どもの正面30～40センチくらいの距離で指標を動かします。指標で空中におおよそ直径20センチの円を、右回り、左回りに各2回描きます。

このときの指標の位置は、子どもにとっての手元のＡ４サイズの紙の範囲です。この範囲なら、頭を動かさず視線だけで見渡せることができれば、学習が楽にできます。

ゆっくり眼球運動の確認に限らず、その子どもが日常でどのように視線を動かしているかをつかむことが大切です。そのため、最初はあえて「（頭を動かさず）目だけ動かして見なさい」という指示をせず、「動くとおりに見なさい」とだけ伝えて、子どもの様子を観察してみましょう。

直径20センチ内で動く指標を、頭や身体を大きく動かして追視したとすれば、それがゆっくり眼球運動が苦手な子どもにとっては、いつもの見渡し方なのかもしれません。こうした場合、次に「頭を動かさず、目だけを動かして見なさい」と指示してみましょう。少し意識させることで、視線だけで指標を追い始めることがあります。

一方で、すぐにはうまくいかない場合、確認時に子どもを何度も試さないようにしましょう。できないということを子ども本人に印象付けずに、その後のトレーニングに期待しましょう。

サポーターによる確認の手順（使う物：指標1本）

❶ 子どもの目から30～40センチのところに、指標を構える。

❷ 「（指標が）動くとおりに、見なさい」と指示する。

❸ 指標を右回りに2回、直径20センチほどの円を描いてゆっくり動かす。

❹ 同じく指標を左回りに2回、ゆっくり動かす。

❺ 子どもの視線、頭の動きや姿勢など、全体を観察する。

❻ 必要に応じて、目だけを動かして見るように指示する。

**観察の
ポイント**

　ゆっくり眼球運動の苦手な子どもの視線移動には、いくつかの特徴が見られます。前述のように、指標が円を描くとおりにぐるんぐるんと頭や身体ごと動かして、それに視線を向けようとする場合があります。

　一方、頭や身体は動かなくても、指標が視界を通り過ぎてしまったあとに、視線で探しながら追いかけてくることがあります。ときどき、あるいは頻繁に指標を見失ってしまうと、急いで指標に追いつかなくてはならず、視線がギクシャクとなり楽ではありません。

NO.
3
① 眼球運動の確認と基本トレーニング

ゆっくり眼球運動

●	ねらい	ゆっくり眼球運動（追従性眼球運動）の向上
●	トレーニング課題	動く指標を追視する
●	道具	指標　1本

　確認のための前述の手順は、それをトレーニングとしても活用できます。

　子どもの能力に合わせて、最初は指標を動かす範囲を狭くしましょう。動かし方は、円ばかりではなく、自由な線を描いてもよいでしょう。

　もし、子どもが指標に注意を向けにくい場合は、本人に指さしをさせることでうまくいくことがあります。サポーターが動かす指標を、子どもが指で追いかけっこするような感じです。指標の方向への身体の運動が伴うと、自然に目もそちらに向きやすくなります。

　指さしの腕を縮めがちな子どもの場合、見るべき対象の正確な方向をとらえるために、腕を伸ばして指で指標をタッチするように促しましょう（図3）。

図3

腕を伸ばして指標にタッチしましょう

No.4 すばやい眼球運動の確認 (衝動性眼球運動)

ここでは**衝動性眼球運動**を、**すばやい眼球運動**と呼ぶことにします。一点から別の一点に、文字どおりすばやく視線を移す眼球運動で、私たちは、ありとあらゆる場面で、この眼球運動を利用して周囲を見ています。

「眼球運動の必要性」（p 31）の項で、顔写真を見たときのすばやい眼球運動について述べましたが、読書をするときもこの眼球運動は重要です。

そこで読書時の眼球運動を体験してみましょう。下枠内の文章を、頭を動かさず読んでみましょう。その際、アンダーラインの「校庭で」という言葉を読んでいる瞬間だと仮定し、「校庭で」を見つめて目を動かさないで読んでみてください。

どうでしょう、視界の中で「校庭で」の前後の文字は周辺の風景と化し、意識しにくい状態が体験できます。たった1行の短文を読むにも、私たちは小刻みに視線を移動しなければならないことがわかります。

図4を見てください。これは、ある被験者が、文章を黙読している視線の軌跡です。この場合でも軌跡のところどころに節があります。被検者がまとまりとして捉えている単語ごとに、視線をすばやく移動して読んでいるのです。

もし、読書時に眼球運動がうまくいかないと、視線が迷子になりかねません。図4で見られるように、読書時の視線は行の末尾に到達すると、次の行の始まりに、まっしぐらに移動しています。こうしたときに視線の方向がずれると、同じ行を重複して読んだり、行を飛ばしたりということが起きかねません。

広い場所でも、この眼球運動は重要です。授業中の板書では、見るべきポイントに向けて、大きく、かつ、すばやく視線を動かす必要があります。また、道を歩いているときに交差点を横切ろうとすれば、左右から来る車を確認したり、信号機を見たりします。その際に、街の中は、お店の看板や人ごみなどさまざまな刺激に満ち溢れています。こうした環境の中で、私たちは、

私は、晴れた日に<u>校庭で</u>運動するのが大好きです。

図4 読書時の眼球運動の軌跡

メダカは、昔から日本の田んぼや小川に暮らしています。たくさんの
仲間といっしょに同じ場所でおよいでいたり、スイスイといる場所を
変えます。おとなになってもとても小さく、かわいい魚です。暖かく
なると、メダカは卵を産みはじめます。自然では朝早く、まだ暗いと
きに、オスとメスが力を合わせて30〜50個ほどの卵を。毎日、生
み続けるのです。水槽の中でも、その様子を観察できます。窓の近く
に水槽を置いて明るく元気に育てると、日のあたる時間が長くなる春
から夏にかけては、毎日卵を産みます。また、水槽に石や水草を入れる
と、住みやすい場所に縄張りを作るメダカが現れます。

外界のすべてのことに目をとおしているの
ではなく、すばやい眼球運動によって必要
なものだけに視線を移動し、不必要な情報
を省いています。

　2本の指標を使って、子どものすばや
い眼球運動の様子を確認しましょう。

　それぞれの指標の先端には、別の色を
着けて指示しやすくします。ここでは、
赤と青の指標として説明します。

　サポーターは、子どもの目から30〜40
センチほどの距離で2本の指標を構えま
す。左右に構える指標の間隔は水平方向
に約20センチです。子どもに指示した指
標を見るように伝え、「赤」、「青」、「赤」、
「青」、と交互に5回ずつ色の名前を言い
ます。つまり、子どもに視線を5往復さ
せて、眼球運動の様子を確認します。指
示の速さは、1〜2秒の間隔です。速い
指示に合わせるというよりも、「赤→青」
または「青→赤」と視線が移動する過程
のすばやさが求められます。

　子どもが視線だけではなく頭や身体も
左右に動かす場合は、次に「（身体や頭を
動かさず）目だけを動かして見なさい」
という指示を与えてみましょう。子ども
に少し意識させると、視線だけ移動して
見られる場合があります。すぐにはうま
くいかない場合、何度も試さずトレーニ
ングに期待しましょう。

サポーターによる確認の手順（使う物：指標2本）

❶ 指標には赤色と青色の2本があることを子どもに示す。

❷ 子どもの目から30〜40センチのところに、2本の指標
　を20センチの間隔で水平に構える。

❸ 「言われた色の指標を見なさい」と伝え、指標の色を交互に指示する（5回）。

❹ 子どもの視線、頭の動きや姿勢など、全体を観察する。

❺ 必要に応じて、目だけを動かして見るように指示する。

**観察の
ポイント**

効率よく指標に視線を合わせられない子どもは、指標の間に見えるサポーターの姿など、別のものに視線を奪われがちです。見るべきものを捉えるというより、見えたものに反応するといった様子で、ありとあらゆるものに注意が拡散する場合もあります。注意、集中を促すと、子どもによっては、生あくびが見られるなど疲れを感じるかもしれません。

眼球運動に問題がない子どもの場合、簡素な指示だけで滑らかに視線移動できることが多く、また、そのように、「見る」ことを求められても、ほとんど疲れる様子がありません。

NO.
❶眼球運動の確認と基本トレーニング
4 すばやい眼球運動

●	ねらい	すばやい眼球運動（衝動性眼球運動）の向上
●	トレーニング課題	2本の指標に視線を動かす
●	道具	指標　2本

確認のための手順は、それ自体をトレーニングとして応用できます。

子どもが視線だけで見渡せる範囲で、2本の指標の間隔を狭くしたり広げたり工夫しましょう。また、左右だけではなく、上下や斜め方向に視線移動を促すように指標を構えてみましょう。慣れてきたら、メトロノームに合わせ、ゆっくりしたリズムから、徐々に速い眼球運動を目指しましょう。

もし、子どもが指標に注意を向けにくく、このトレーニングが成り立たない場合は、後述の「トレーニングNo7 数字ボード」をお勧めします。

②眼球運動の応用トレーニング

　視覚認知トレーニングはシンプルな反面、あやふやな活動にならないように、サポーターが本来の意味や目的を理解していることが大切です。

　もともと視覚認知に問題をかかえていない人にとっては、苦手さの要素がつかみにくいかもしれません。

　この本のトレーニングは、乱暴な言い方ですが、達成してしまうと、できて当たり前と思うような課題がほとんどです。ちょうど自転車に乗れるようになると、乗れなかったときの感覚がよくわからなくなってしまうことに似ています。サポーターは、視覚認知に問題をかかえている子どもの潜在的な感覚の把握に努め、適した水準のトレーニングを取り入

れましょう。

　トレーニングは、子どもに合わせて柔軟に工夫し、達成可能な難易度をこなすことから始めます。

　たとえば、水泳の練習を想像してみてください。泳げないのに、いきなり深い海に入れたら、厳しい環境でさぞや水泳が上手になるだろうと考えるのは間違いです。浅いところでたくさん練習して、その水準の課題を達成してこそ、もう少し深いところに行ってみようという意欲が生じます。

　子どもが、トレーニング課題を手際よくこなせるに越したことはありませんが、多少停滞しても情報処理を経験する過程を大切にしましょう。

NO. **②眼球運動の応用トレーニング**

5 視線迷路

● **ねらい** ゆっくり眼球運動（追従性眼球運動）、図と地の弁別

● **トレーニング課題** 線でつながっている絵や文字を探す

● **道具** ↓ 教材プリント「視線迷路」（**5**-1〜8）

この課題は、線を連続的に視線で追いながら、ゆっくり眼球運動をトレーニングするものです。

視線迷路は、紙の左右または上下に、いくつかの絵や文字を配置し、それを曲線や直線で結んだものです。広い範囲に

子どもの眼球運動を促すためには、ダウンロードしたA４サイズのプリントを拡大コピーして使用してください。ただし、視線だけで見渡すトレーニングですから、最大でもA３サイズまでの大きさにしましょう。

トレーニングでは、最初は、子どもに視線だけでゴールまでたどるように指示します。もし、正解が得られない場合、子どもにスタート点から指でなぞらせ、視線がたどった道筋を確認します。

ともすると、線をなぞる子どもの指が、他の線との交差を境に、別の線の上へと誤って進む様子が見られます。この場合、眼球運動の問題だけではなく、その子どもが、線の連続を認知できないということが考えられます。

　著者の経験では、文字学習に困難のある子どもに、このような傾向があります。こうした子どもの多くは、緩やかな曲線の交差で成り立つ「曲線の視線迷路」（図5－1）よりも「直角の視線迷路」（図5－2）のほうが誤りを生じやすいようです。したがって、初期のトレーニングには前者を使用しましょう。

　また、問題の対策として、サポーターが各線の色を変えた視線迷路を手作りすると、たどりやすくなります。子どもの発達によっては、最初はとてもシンプルに、2本の線が1回交差するような視線迷路からトレーニングしましょう。

図 5-1　曲線の視線迷路

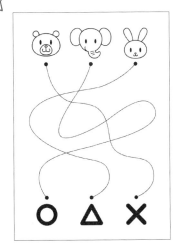

図 5-2　直角の視線迷路

交差を経て誤った
方向に視線が進む例

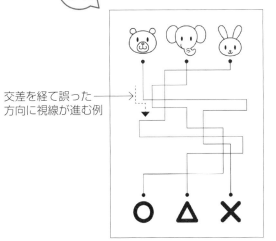

トレーニング方法

❶ 視線迷路を見せ、子どもに、「クマ（例）と、何がつながっていますか？」と質問する。

❷ 子どもに、視線だけで視線迷路のゴールを探索させる。

❸ 不正解の場合、同じ線を、子どもに指でなぞらせる。

❹ サポーターは、子どもの視線移動や認知の内容を観察する。

NO.
❷眼球運動の応用トレーニング
6 ブロックストリング

●	ねらい	固視（中心視）、広く見る機能（周辺視）、両眼視（輻輳と開散）、図と地の弁別
●	トレーニング課題	ひもに通したビーズを両眼視する
●	道具	ブロックストリング（必要に応じてメトロノーム）

提唱者の名前から「ブロックストリング」と呼ばれる道具で、両眼視のトレー

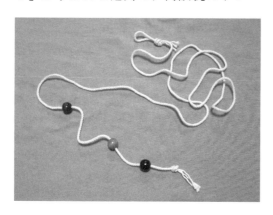

ニングをします。

ブロックストリングは**写真**のように、ひもに複数のビーズを通したシンプルな道具ですが、ビーズの代わりに1センチくらいのボタンを通すなど、身近なもので作れます。トレーニングの指示を出しやすいように、ビーズやボタンはそれぞれ色を変えると便利です。

立体感や奥行き感を楽につかむためには、遠くの目標にも近くの目標にも、両目の視線を一つに合わせられることが大切です。

スポーツ選手が両眼視機能向上を目的にする場合は、5メートルほどの長さのひもに、もっと多くのビーズを通したブロックストリングを使用します。しかし、この本では、両眼視が苦手な子ども用に、

2メートルのひもに3つのボタンを通したブロックストリングを想定して説明します。

まず、子どもにブロックストリングのひもの端を、両目の間、鼻の付け根に合わせて持たせます。このとき、サポーターは、子どもが適切に自分の顔の中心線上に、ひもを構えるかを観察しましょう。

私たちには利き手があるように、目にも利き目があります。しかし、極端に利き目に頼って外界を見ている子どもの場合、両目の間ではなく利き目の前にブロックストリングを構えることがあります。こうした場合、その子どもは、日常生活でも両眼視を生かしていないかもしれません。サポーターは、構える位置を修正してあげましょう。

最初、ひも上のボタンで、子どもに最も近いものを30～40センチほどの距離、二つめは1メートルくらいの距離、三つめはさらに遠くに離しておきます。

そして、子どもに一番遠くのボタンを5秒間見つめるように指示します。次に、真ん中のボタンを5秒間持続して見るように促すというようにして、最も近いボタンまでたどり着き、再び遠ざかるように各ボタンを見つめることを繰り返します。

基本的には一つのボタンを約5秒間見つめることを促しますが、子どもの集中

力に合わせて変えてください。

さて、子どもが漠然と視界全体を見るのではなく、指示されたボタンを両眼視していれば、それが一つに見え、他の二つのボタンはその周辺の線上にぼんやりと二つになって見えるはずです。

図6は、子どもが中央の黒いボタンを両眼視している様子のイメージ図です。黒いボタンはくっきり一つに見え、そこで交差してX字上に他のボタンが二つずつ見えれば良好です。

図6　視界のイメージ図

ただし、子どもの発達によっては、自分の視界を自覚できない場合があるので、サポーターは、視線を観察しましょう。指示されたボタンを両眼視していれば、子どもの目は、それに向かって寄り目になっているはずです。

一方、子どもが片方の目だけでボタンを見ている場合、「トレーニングNo.2寄り目」と同じように、見ているほうの目を覆い、それまで活用していなかった

目で見ることを促します。そして、その
あと、覆った手を除いて、徐々に両目を
使うことを促します。

　ブロックストリングは、上下左右、ど
の斜め方向にひもを渡してもトレーニン
グ可能ですが、両眼視が苦手な子どもの
場合、基本的に正面方向で目標を定めま
しょう。ブロックストリングのボタンは、
ひもに沿って動かせるので、慣れてきた
ら位置を変え、遠くにも近くにも自在に
視線を向けられるようにトレーニングし
ましょう。

　ちなみに、最も近くのビーズは、子ど

もの目から約7センチの距離を限度にし
ます。また、熟練してきたら、手拍子や
メトロノームのリズムに合わせてトレー
ニングすることもよいでしょう。

　なお、「トレーニングNo.2 寄り目」と
同じように、子どもに斜視がある場合は、
このトレーニングは避けます。その場合、
両眼視ではなく、物の重なりや腕や足の
伸展などの身体運動をとおして、経験的
に立体感や奥行き感をつかめるように支
援することが望まれます。

❶ 子どもにブロックストリングのひもの端を、両目の間の鼻の付け根に合わせて持たせる（以下、ボタンの色で指示するとわかりやすい）。

❷ 一番遠くのボタンを見るように指示する。

❸ そのボタンが一つに見えるか確認し、そのままの両眼視を数秒（例：約5秒間）持続させる。

❹ 真ん中のボタンを見るように促し、上記同様、両眼視を持続させる。

❺ 最も近いボタンまで上記を繰り返す。

❻ 今度は順番に遠くのボタンのほうへ視線を移動していく。

❼ 遠近方向に、以上を適宜に繰り返す。

❽ サポーターは、子どもの視線の様子を観察し、適宜ボタンの位置を変える。

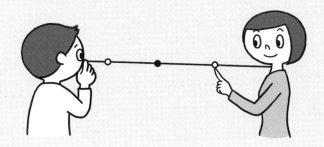

NO. 7 **②眼球運動の応用トレーニング** 数字ボード

● **ねらい**	すばやい眼球運動（衝動性眼球運動）、形（数字・文字）の認識、方向感覚
● **トレーニング課題**	上下・左右・斜めに、離れた数字や文字を順番に読む
● **道具**	教材プリント「数字ボード」(**7**-1〜4)

　この課題は、教材プリント「**数字ボード**」を使用します。数字ボードは、上下と左右に書かれた数字を順に視線移動して読むことで、すばやい眼球運動をトレーニングするものです。

　「**数字ボード1（たて読み）**」と「**数字ボード2（よこ読み）**」は、ボード上の数字の数が少なく、また、数字を結ぶ線に沿って視線を移動しやすくしてあります。

数字ボード1

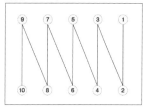

数字ボード2

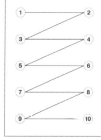

　慣れてきたら難易度を上げて「**数字ボード3**」を利用しましょう。「**数字ボード3**」は、上下あるいは左右に能動的に数字を追うことで、すばやい眼球運動をトレーニングします。「**数字ボード3**」はＡ４とＡ３両サイズの用紙が用意してあります。お使いのプリンターに合わせて印刷してください。Ａ４サイズで印刷した場合は拡大コピーして使用してください。ただし、最大でもＡ３サイズまでの大きさにしましょう。

　「**数字ボード3**」は、サポーターから子どもの目元が見えるように、中央を切り取ると便利です。できれば厚紙や段ボールに貼るなどの補強をして使用してください。　数字ボードのトレーニングでは、たとえば、上に「１」、下に「２」、再び上に「３」、

下に「4」というように目を動かし、見るべき数字を順番に追いながら眼球運動を繰り返します。左右も同じしくみです（図7）。

数字ボード3

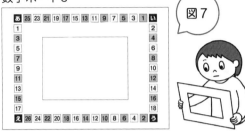

図7

最初は、子どもに、声に出して数字を読むように指示し、眼球運動の速さよりも、音読している数字に視線をピタッと合わせることを促します。視線の方向が不正確な子どもの場合、図8-1のように、読んでいる数字を指さしさせます。

指さしという自分の身体運動が伴うと、視線の方向も安定しやすいのです。ただし、視線で数字が追えない子どもの中には、図8-2のように指さしする手が方向を迷うことがあります。

どの数字ボードでもすばやく視線移動

ができるにこしたことありませんが、その前に、見るべきものをしっかり中心視で捉えられることが大切です。遅くても迷いつつも、まずは、子どもに数字の正確な位置を見ることを促します。数字ボードの数字は○か□で囲ってあります。子どもが、数字を指さしする際には、野球のベースのように、必ずこの囲い内に指を突かせるようにし、徐々に手も視線も正確な運動を促しましょう。

一方、おおよそ指さし方向が迷わず数字が追える子どもの場合、本来のすばやい眼球運動を求めて、視線だけでトレーニングしましょう。そのうえで、子どもが自律的に数字の正確な位置を捉え、黙読でトレーニングできればさらに良好です。

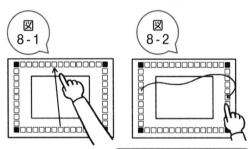

図8-1　図8-2

トレーニング方法

❶ 縦方向、横方向、斜め方向の各数字を1から順番に音読させる（必要に応じて子どもに指さしをさせる）。

❷ 各方向とも、子どもが音読している数字と視線（指さし）が合っているかを観察する。

❸ 慣れてきたら、黙読で上記を施行する。

NO. **2** 眼球運動の応用トレーニング

8 アンダーラインの数字

● **ねらい** すばやい眼球運動（衝動性眼球運動）、形（数字）の認識、視覚的な探索、図と地の弁別、方向感覚

● **トレーニング課題** 多くの数字の中からアンダーラインが引かれた数字を見つけ、読み上げる

● **道具** ⬇ 教材プリント「アンダーラインの数字」（**8**-1〜6）

4・6・8・6・2・4・3・3・・・

よこ読み→

たて読み↓

2	<u>4</u>	2	4	<u>6</u>	8	3	9	4	<u>8</u>	7
5	1	<u>6</u>	4	1	4	<u>2</u>	4	5	3	<u>4</u>
<u>3</u>	4	6	7	<u>3</u>	1	9	2	<u>5</u>	3	<u>1</u>
3	<u>6</u>	2	1	3	8	<u>9</u>	6	5	<u>7</u>	2

　この課題では、読書をするときに文字を追う眼球運動が促されます。縦読み、横読み、両方向のトレーニングができます。

　子どもは1行ずつ、行に沿ってアンダーラインが付いた数字だけを読み上げます。

　子どもが、一つの行から重複して数字を見つけたり、逆に行を抜かしてしまう場合は、指でなぞりながら探させます。また、行に沿って定規をあてたり、必要な行だけが見えるように、紙を切り抜いて窓（スリット）を作る工夫もよいでしょう。

この課題では、子どもがアンダーラインのついた数字を、どこでも見つけしだい読むことは避け、1行ずつ確実に数字の行列を視線で追うことに重点をおきます。

慣れてきたら、ストップウォッチでタイムを計って記録を残すと、子どもによっては、意欲的になります。

サポーターは、子どもが正確にアンダーラインの数字を拾っているかを確認しましょう。サポーターが正誤を手元で確認できるように、教材プリントを2部ずつ印刷すると便利です。

トレーニング方法

❶ 子どもは、数字の行にそって、視線でアンダーラインのついた数字を探して読み上げる（必要に応じて、指でなぞる、定規をあてるなどの工夫をする）。

❷ サポーターは、内容を確認しながら、子どもの音読を聞く（子どもの熟練と意欲に応じてタイムを計り記録する）。

NO. **❷眼球運動の応用トレーニング**

9 カードの分別

● ねらい	周辺視、すばやい眼球運動（衝動性眼球運動）、形（図形・数字）の認識
● トレーニング課題	カードの内容を認識して分ける
● 道具	⬇ 教材プリント「カードの分別」（❾-1〜13）を切り取って使う

教材からカードを印刷して、実線で切り取ります。カードには、左右に並んだ内容が、「同じ」ものと「違う」ものがあります。子どもはカードの束を持ち、1枚ずつ左右を見比べながら、「同じ」カードと「違う」カードに分けていきます。

サポーターは、あらかじめ子どもが分別するカードの置き場所を指定しましょう。「おなじ」「ちがう」などと書いた箱を置くとわかりやすいです。

このトレーニング課題では、子どもが目を動かそうと意識しなくても、形を確認するために視線を左右に動かさなくてはならず、自然に眼球運動が促されます。

子どもが分別し終えたカードは、サポーターと子どもが一緒に答え合わせをしましょう。その際、間違いを説明しても形の理解ができない子どもの場合、その子どもにとって難易度が高すぎると判断しましょう。子どもの発達によっては、左右の図形や数字が一つずつでもトレーニングになります。サポーターが手作りできるように、教材プリントには白紙のカードも用意してあります。

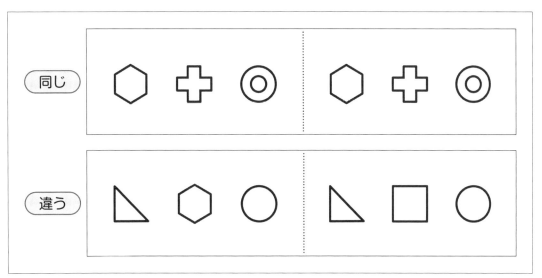

カードの例

❶ サポーターは、分別したカードを置く場所を指定する。

❷ 子どもは、カードの左右を1枚ずつ見比べて分けていく。

❸ 子どもとともに、分けられたカードの正誤を確認する。

2 眼球運動の応用トレーニング

10 ばらばら数字カード

ねらい	周辺視、すばやい眼球運動（衝動性眼球運動）・形（数字）の認識、恒常性の維持、図と地の弁別、目と手の協応（微細運動）
トレーニング課題	指示どおりに、数字カードを集める
道具	教材プリント「数字カード」（10-1〜3）を切り取って使う。必要に応じてストップウォッチを用意

まず、「**数字カード**」を、子どもの前に散らして置きます。子どもの発達によって、カードの向きが逆さになると数字を認識しにくい場合は、サポーターが正方向に整えましょう。また、子どもの発達と意欲に応じて、ストップウォッチでタイムを計ると向上がわかりやすいです。

最初は、子どもになるべく早く1から順番に数字カードを探して集めるように指示し、その子どもの発達で達成可能なトレーニング水準を把握しましょう。

もし、子どもが課題遂行に時間がかかる場合、順番や規則に関係なく複数のカードをまとめるように指示してみましょう。それによって、数字を見つけるのが遅いのか、微細運動がうまくいかずにカードを集めることが遅いのか、また、その両方が影響しているのか、つまずきがつかめます。

手元に集めるにしたがってカードが少なくなり、課題が容易すぎると思われる場合は、指さしでカードにタッチしていくだけでもよいでしょう。

数字カードは50までありますが、子どもの発達に合わせて、使用するカードを10までの数、あるいは20までの数のカー

ドというように難易度を工夫しましょう。

　子どもの目が、ある程度机の上のカードから離れているほうが、広い範囲を効率よく見渡せます。しかし、姿勢を保つことが苦手でカードに近づきすぎる場合、カードの裏に市販のマグネットシートを貼り、ホワイトボードや冷蔵庫などに貼り付け、立った姿勢で同じトレーニングをしてみましょう。立ち位置を決めてあげると、近づきすぎることを防げます。

　いずれにしても、かなり広範囲にカードを散りばめる際は、子どもが、視線だけではなく、頭の向きもある程度動かしながら数字を探すことも許容してください。

トレーニング方法

❶ 数字カードを、子どもの前に散らして置く。

❷ 子どもに「１から順番に数字を集めなさい」と指示する（必要に応じてストップウォッチでタイムを計る）。

トレーニングのバリエーション

　課題の難易度を上げることが可能なら、下記のように、何段階かに指示を変える工夫をしましょう。

　この課題の場合、最初の指示で、子どもが15より小さな数を正確に集めておか

ないと、次の段階で必要な数字がなかったり、あるいはカードが余るということが生じます。そのため、子どもはサポーターに正誤を指摘されることなく、自分で作業内容の確認ができます。

例

トレーニング方法

❶ 30までの数字カードを散らして置く。

❷ 子どもに「15より小さい数を、順番に関係なく拾い集めなさい」と指示する。

❸ 残ったカードに関して「今度は16以上の数字を順番に集めなさい」と指示する。

❸ 視覚認知能力の活用トレーニング

これまでは、眼球運動のトレーニングを中心に述べてきました。この項では、そうした眼球運動を生かしつつ、いろいろな認知能力を駆使するトレーニングを紹介します。

トレーニング「No12 じゃんけん」「No16 両手のダンス」「No17 矢印」「No26 数字の記憶」「No27 図形の記憶」では、Webアプリ「子どもの視覚認知トレーニングアプリ」（図9）を使用します。お手持ちの端末のインターネット（ウェブ）ブラウザで表示して各トレーニングを起動してください（くわしい使い方は124ページ）。

また、プログラムによっては、1回のトレーニング時間の設定を設けているので、子どもの発達に合わせたトレーニング量や時間で、適宜行ってください。

図9

子どもの視覚認知
トレーニングアプリ
使い方は、本をご覧ください。

じゃんけん
両手のダンス
矢印
数字の記憶
図形の記憶

上下左右の器

● **ねらい**　方向感覚、目と手の協応（微細運動）

● **トレーニング課題**　サポーターが指示した方向の器に、おはじきを入れる

● **道具**　おはじき、紙皿などの器

市販のおはじきと、器を4枚使います。子どもが小さなおはじきを口に入れる危険がある場合は、お手玉などを使いましょう。器は割れる危険のない紙皿や箱が便利です。

最初は、器（紙皿）2枚を子どもの前、左右に並べます。課題を始める前に、どちらの器が子どもにとって右で、どちらが左であるかを、サポーターと一緒に確認しましょう。

ただし、方向の理解が苦手だからこそトレーニングを必要とする子どもの場合、左右の確認自体が円滑に進まないことがあります。その場合、器に「右（みぎ）」「左（ひだり）」と記しましょう。ちなみに「右」「左」という名前の器に、おはじきを入れるのではなく、子どもに方向を意識させることが大切です。

さて、トレーニングでサポーターは、「右」「左」「右」「右」「左」……のように、ランダムに方向を指示しながら、子どもに一つずつおはじきを手渡していきます。子どもは、指示された方向の器におはじきを入れていきます。

子どもの発達によっては、かなりゆっくり指示を出す必要があります。一方、

慣れてきたら、「右じゃなくて左」など、ゲーム形式にしても楽しいでしょう。

また、子どもから見て左右の課題ができたら、向かい合ったサポーターにとっての左右におはじきを置かせると、課題にバリエーションが加わります。

さて、左右方向の課題がある程度できたら、次に、上下方向のトレーニングをしましょう。ここでは立体的な上下ではなく、子どもにとって向こうの器（上）と手前の器（下）を設定しています。こ

れは、本やノートの上下の行と同じ関係です。そして、左右のときと同じように、「下」「下」「上」「下」「上」……など、ランダムに方向を指示しながら、子どもに一つずつおはじきを手渡します。作業の基本は左右の課題と同様です。

子どもが、こうして「左右」と「上下」の二つの方向性をつかんだあと、器（紙皿）4枚を使い同じ要領で「上・下・左・右」の四方向で、ランダムに指示を出しましょう。

トレーニング方法

❶ 子どもの前に二つの器を置き、左右を確認する。

❷ サポーターは、おはじきを一つずつ手渡し、子どもに「左・右」をランダムに指示する。

❸ 子どもは指示どおりの方向の器におはじきを置く。

❹ 同様の手順で、上下の課題を施行する。

❺ 同様の手順で、上下左右の課題を施行する。

NO. 12 ❸ 視覚認知能力の活用トレーニング
じゃんけん

● ねらい	形の認識、恒常性の維持、目と手の協応（微細運動）、目と身体の協応（粗大運動）
● トレーニング課題	画面のルールに合わせてじゃんけんをする
● 道具	教材の「子どもの視覚認知トレーニングアプリ」、パソコンなど

この課題は、子どもが条件に合わせて視覚情報を判断し、自分の身体運動で回答するトレーニングです。

素材がじゃんけんですから、サポーターと子どもが実際のじゃんけんをしてトレーニングすることも可能ですが、このアプリではテンポよく画面に絵が出現するので、集中力が促せます。また、課題の条件に則した「正解」が絵で提示さ

れます。

アプリのプログラム「じゃんけん」を起動すると、メニュー画面が現れます。「メニュー」には「あいこにしましょう」「かちましょう」「まけましょう」の3種類の課題（ルール）が並んでおり、各課題の展開は「はやさ」で3段階に調節できます。

どのメニューでも、画面には、まず相手が出したじゃんけんの絵が、最初の「ポンッ」のかけ声と共に現れます。子どもはそれを見て、次の「ポンッ」のかけ声と共に、課題（勝つ、負ける、あいこ）に則した自分のじゃんけんを返します。すると、直後に正解の絵が画面に出ます。「メニュー」の中で「あいこにしましょう」と「かちましょう」は、通常のじゃん

けんで体験している子どもも多いと思われます。「まけましょう」は、やや難易度が高い反面、ゲームのように楽しんでできる素材でもあります。子どもの発達に合わせて、課題を選びましょう。

画面の前に立って、テンポよく身体を大きく動かしてじゃんけんをすると、粗大運動も促せます。

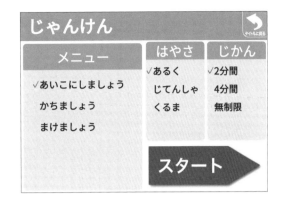

トレーニング方法

❶ 「子どもの視覚認知トレーニングアプリ」を開く。

❷ 「じゃんけん」のプログラムの中のメニューを選択する。

❸ 速さと時間を選択し、「スタート」をクリックする。

❹ 子どもは、画面に出現するじゃんけんの絵を見て、課題に則したじゃんけんを出す。

❺ サポーターは子どもの発達を見極めながら、課題の難易度を調節する。

NO. **❸視覚認知能力の活用トレーニング**
13 ストロー通し

●	ねらい	方向感覚、目と手の協応（微細運動）
●	トレーニング 課　題	横に渡したストローの両端に、同時にようじを刺す
●	道　具	ストロー、ようじ

　ストローの正確な位置を把握するためには、手元までの奥行きを適切につかむ必要があります。それには両眼視が利用されますが、斜視など片眼視になる子どもの場合は、両眼視以外の体験的な手がかりを獲得するトレーニングになります。

　写真・図のように、横に渡したストローの両脇からようじを通し、片側ずつ通す経験を経てから、両側から同時に通せるように練習しましょう。同時に通す際、ストローの片側だけに視線を向けていると、反対側が不注意になりますから、複数の場所への注意が促されます。

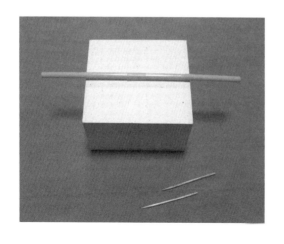

また、子どもにとってストローでは細すぎて難しい場合は、トイレットペーパーの芯に鉛筆を通すなど、もっと大きな素材を利用しましょう。

トレーニング方法

❶ ストローを、横に寝かせて固定する。

❷ 子どもは、ようじをストローの片側に差し込む。

❸ 慣れてきたら、ストローの両側から同時にようじを差し込む。

NO.
14

❸視覚認知能力の活用トレーニング

見ながらうなずく

● **ねらい** 方向感覚、目と身体の協応（粗大運動）

● **トレーニング課題** 自分が運動しながら見るべきものに安定して視線を向ける

● **道具** 1本の指標

　この課題は、自分自身が運動をして動いていたり、乗り物に乗って窓から外を眺めていても、必要なものを見続けるためのトレーニングです。

　子どもに、1本の指標を自分から30〜40センチの距離で持たせます。子どもに、その指標を見つめながら、それが視界に入る範囲で、頭をゆっくりと上下や左右に振るように指示します。

　運動しながら、見るべきものに視線の照準を合わせ続けるということは、自分がどの方向にどのように動いているのか、身体の状況を内側でつかむ必要があります。

　身体のバランスをとることが苦手な子どもは、頭を動かすとそれと一緒に視線もそちらに向いてしまう傾向があります。また、逆に、指標を持つ手が安定しない場合もあります。

　本来は、身体の部分を独立して静止したり動かしたりできることが望ましいのですが、必要に応じて、サポーターが指標を持ってトレーニングしましょう。

　また、バリエーションとして、サポーターが指標をもち、子どもがその周辺を

歩きながら常に視線を向けておくことでもトレーニングができます。その場合、頭も目と一緒に指標へ向けることを適宜許容しましょう。

トレーニング方法

❶ 子どもは、指標を自分から30～40センチ離して持つ。

❷ 指標を見ながら、頭をゆっくり左右に振る。

❸ 指標を見ながら、頭をゆっくり上下に振る。

❹ 指標を見ながら、頭をゆっくりいろいろな方向に動かす。

NO. **❸視覚認知能力の活用トレーニング**
15 **タッチ＆タッチ**

● **ねらい** 恒常性の維持、方向感覚、目と身体の協応（粗大運動）

● **トレーニング課題** 人形をとおして自分の身体を確認する

● **道具** 人形、符号のカード

子どもへの指示は、人形やぬいぐるみを利用して視覚的に示します。

はじめは、サポーターが人形の部位を示すたびに、「右手」「左足」「背中」……などの言葉をつけてタッチし、各部位の表現を統一させましょう。子どもは、自分の身体のその部位を、同じ名称を言ってタッチします。

慣れてきたら、あらかじめ人形の各部位に、1・2・3……などの符号を付け、サポーターは符号だけで指示します。子どもは、人形のその部位を見て、自分の身体に置き換える必要があります。そして自分の身体のその部位を、言葉にしながらタッチさせます。

身体感覚が未発達な子どもには、はじめは身体部位を大きく分類し、徐々に人形に添付する符号を細かくして増やしましょう。

子どもの発達に合わせて、ゆっくり着実にタッチさせたり、あるいは、リズミカルに速いテンポのタッチを楽しむ粗大運動も促せます。

このトレーニングは、子どもが自分の手で自分に触れるので、比較的、触覚過敏による不快を避けられますが、一方で、

特定の身体部位へのこだわりがある子どもの場合、サポーターはそれを助長しないように、子どものトレーニングの適性や指示部位を考慮しましょう。

トレーニング方法

❶ サポーターは、子どもに人形を見せながら、その身体の部位を指さし（タッチ）しながら名称で指示する。

❷ 子どもは、自分の身体のその部位をタッチしながら、サポーターと同じ名称で表現する。

❸ 慣れてきたら、サポーターは、あらかじめ人形の各部に符号をつけておく。

❹ サポーターは、子どもに人形を見せながら、符号で指示する。

❺ 子どもは指示に合った自分の身体をタッチしながら、名称で表現する。

NO. **❸視覚認知能力の活用トレーニング**
16 両手のダンス

● ねらい	形の認識、恒常性の維持、方向感覚、目と身体の協応（粗大運動）
● トレーニング課題	記号化された情報にそって自分の手を運動させる
● 道具	教材の「子どもの視覚認知トレーニングアプリ」と教材プリント「両手のダンスシート」（**16**-1または2）、パソコンなど。必要に応じて手袋

アプリをパソコンなどのブラウザで開いてください。

あらかじめ、ダウンロードした「**両手のダンスシート**」を印刷します（A4・A3サイズが用意されています）。A4サイズで印刷した場合は、A3サイズまで拡大コピーしてください。

「両手のダンスシート」を子どもの前に置きます。プログラム「両手のダンス」を起動すると、メニュー画面が現れます。「メニュー」には、2種類の課題が並んでいます。画面に○×が描かれた手の絵が現れる「まねしましょう」と、「○と×」だけで表されているものです。また、各課題の展開は「はやさ」で3段階に調節できます。

「メニュー」の中で、基本的な課題は「まねしましょう」です。パソコン画面に手の絵が現れるので、子どもは、シート上のそれと同じ位置に両手でタッチします。図のように、市販の手袋を利用して○×を記すと容易になります。

慣れてきたら、○×だけで表示される課題に移りましょう。手の絵は出ませんが、あらかじめ左右の手にそれぞれ○と×を当てはめてタッチします。ここでは、○×の左右を、どちらの手にしてもよいでしょう。

いずれの場合も、サポーターは、子どもの手が適切な位置にタッチしているかどうかを確認しましょう。

ランダムに表れる画面によっては、交差した両手をすばやく解くように動かして、次のタッチの体勢に移る必要があります。サポーターは、子どもが自分の手をどのようしたら効率よく動かせるか、必要に応じて助言しましょう。

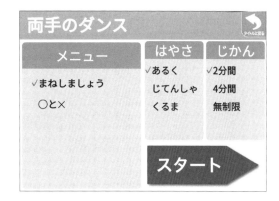

トレーニング方法

❶ 子どもの前に「両手のダンスシート」を置く（必要に応じて市販の手袋に○×を記して利用する）。

❷ 「両手のダンス」のプログラムの中のメニューを選択する。

❸ 速さと時間を選択し、「スタート」をクリックする。

❹ 子どもは、画面に出現する絵、または、○×と同じシート上の位置を両手でタッチする。

NO. 17 矢 印

❸視覚認知能力の活用トレーニング

●	ねらい	形の認識、恒常性の維持、方向感覚、目と身体の協応（粗大運動）
●	トレーニング課題	画面に現れた方向を身体で示す
●	道 具	教材の「子どもの視覚認知トレーニングアプリ」、パソコンなど

トレーニングには、アプリを開きます。

この課題は、子どもが自分の身体運動をとおして「上・下・左・右」の感覚を獲得するためのトレーニングです。

プログラム「矢印」を起動すると、メニュー画面が現れます。「メニュー」には8種類の課題が並んでおり、素材は絵、矢印、文字の単独、あるいは組み合わせで提示されます。また、各課題の展開は

「はやさ」で3段階に調節できます。

「メニュー」の中で最も基本的な課題は「まねしましょう」で、パソコン画面には図10のような男の子の絵が現れます。

図10

絵の男の子は、腕をはっきり伸ばして方向を示しています。同じように腕をのばすよう指示しましょう。

子どもの発達によっては、腕の伸展が

苦手なことがあります。医学的に身体運動に問題がない場合、腕を伸ばすことを繰り返し遊びに入れると、徐々に身のこなしが円滑になります。「はやさ」の遅いメニューを選択し、トレーニングをとおして、腕を外側に向けて伸ばしましょう。

子どもが「右」「左」「上」「下」と言いながらトレーニングすると、方向を表す言葉の概念形成が促せます。

図11のような「カーブの矢印」は、実際に矢印の先がどちらを向いているか判断してさし示しましょう。

また、「2本の矢印」は、別々の方向を示す2本の矢印が一度に提示される課題で、難易度が上がります。子どもは両腕で、それぞれの方向を同時にさし示しましょう。方向感覚だけではなく、それにそった身体運動を促せます。

行うときは、周囲に腕がぶつかる物がない場所でやりましょう。

カーブの矢印
（両腕を「右」の例）

漢字
（両腕を「上」の例）

2本の矢印
（左腕は「右」、右腕は「上」の例）

トレーニング方法

❶ ブラウザ上で「子どもの視覚認知トレーニングアプリ」開く。

❷ メニューの「矢印」を選び、次の画面で「まねしましょう」を選択する。

❸ 「はやさ」は「あるく」を選択し、「スタート」をクリックする。

❹ 子どもは、画面に出現する「男の子」のしぐさをまねする（以上をとおして、子どもに、このトレーニングの要領をつかませる）。

❺ サポーターは子どもの発達に合わせ、「メニュー」「はやさ」「じかん」を選択し、適宜、施行する。

NO. 18

❸視覚認知能力の活用トレーニング

足踏み

●	ねらい	目と身体の協応（粗大運動）
●	トレーニング課題	協調運動（足踏み）をして姿勢を整える
●	道具	必要に応じてメトロノーム

正しい姿勢で歩くことは、身体の基本的なバランスの発達につながります。バランスが安定していると、いろいろな遊びやスポーツをするときにうまく楽しめます。ここでは、その場でできるトレーニングとして足踏みをしましょう。

望ましい足踏みは、後ろに足を蹴り上げず、前方にももを持ち上げるようにします。そして、持ち上げた足と反対側の腕が、自然に前方に振り動かされます（図12）。

標準的に発達している人にとっては、足踏みは容易な運動です。しかし、子どもの発達によっては、足踏みをしたときに、前のめり気味にひざから下を後ろに蹴り上げる、腕の振りがない、また腕が振られても足の動きと連携がとれずにばらばらというように、上半身と下半身が協調しないことがあります。意識して腕を振ると力の抑制がうまくいかず、ひじが伸ばせない子どももいます。

足踏みの姿勢がまとまらない子どもには、まず、上半身の力を抜いてももを交互に上げることだけを意識させましょ

図12

う。上半身の力が抜けない子どもの場合、いったんギュッと肩に力を入れてから、ふわっと降ろさせると、リラックスしやすいです。

　サポーターは子どもの両肩に手を置き、子どもが上げている足と反対側の肩を、動きに合わせて前方に少し揺らします。こうした介助で、子どもが意識しなくても腕を揺り動かせればよいですが、自然に動きが伝わらない場合、一歩ずつ身体を意識して、ひねるように動かしてみましょう。

　速さを一定に保てない子どもの場合は、メトロノームを使うとテンポが安定しやすいので、適宜、利用してください。

トレーニング方法

❶ 子どもは起立して、静止する。

❷ サポーターが「ハイ」と合図する。

❸ 子どもはサポーターが制止するまで、足踏みを続ける（時間適宜）。

❹ その間、サポーターは子どもの姿勢や動きを観察し、必要に応じて介助する。

NO. **3** 視覚認知能力の活用トレーニング
19 つるしたボール

● **ねらい** 目と手の協応（微細運動）、目と身体の協応（粗大運動）

● **トレーニング 課題** 揺れるボールを追視し、それにタッチする

● **道具** ひもにつるされたボール（必要に応じてぬいぐるみなど）

手ごろなボールを子どもの視線の高さにつるします。テニスボール大のボールを、テルテル坊主のように布で包み、ひもでくくって利用してください。ボールではなく、揺れが穏やかで顔に当たっても安全な柔らかいぬいぐるみを使用してもよいでしょう。

この課題は、提唱者の名前をとって一般的に「マースデンボールのトレーニング」と呼ばれています。

揺れるボールを追視することで、主にゆっくり眼球運動が促され、ボールにタッチすることで、目と身体の協応運動にもなります。

このトレーニングは基本的には立ったままで行いますが、子どもによっては自分が動きすぎて課題がうまくいかない場合、立ち位置の範囲を床に記したり、椅子に座って行いましょう。いずれも適度に腕を伸ばさざるをえない位置が良好です。

慣れてきたら、新聞紙を丸めた棒をラケットにしてボールをタッチしましょう。力加減を獲得しながら、自分から遠い空間への関与を促せます。

トレーニング方法

❶ ボールなどをひもでつるす。

❷ 子どもがボールを手でタッチして突き続ける（サポーターは、必要に応じてボールの揺れを調節して持続させる）。

❸ 慣れたら、新聞紙を丸めた棒などのラケットを使う。

NO. 20

バランス棒渡り

●	ねらい	方向感覚、目と身体の協応（粗大運動）
●	トレーニング課題	進む方向に視線を保ちながら線に沿って歩く
●	道具	板、あるいはテープ

運動しているときに、身体の揺れを調節しながら視線が見るべきものをとらえ続けるためには、平衡感覚が必要です。そっと歩いているときでさえ平衡感覚がないと視線が安定しません。

　このトレーニングでは、まず壁に向かって、床に数メートルの板を渡す、あるいはテープを貼って、線を作ります。線の長さは家庭ならば3〜4メートルでよいでしょう。適宜、環境に合わせてください。線の正面の壁には、視線の高さに印をつけ、子どもはそれを注視しながら板や線の上を歩きます。

　板を利用する場合は、足が乗りやすいように15センチ幅くらいのものがよいでしょう。線から外れないためには、テープよりも板のほうが足裏の触覚が手がかりになりますが、板の段差で転倒の懸念がある場合は、テープのほうが安全です。

　1本の線をたどることが難しい場合、2本の線を幅をもたせて平行に渡し、そ

の間を歩くよう工夫するのもよいでしょう。

　壁の印を見ながらの前進に慣れたら、後ずさりも試みましょう。

　子どもの注意がそれやすい場合は、壁の印に代わって、サポーターが絵や言葉を書いたカードを視線の高さに掲げ、紙芝居のように変換させると、子どもの注視を促せます。

　また、難易度を上げて、落としても安全な物をトレイに乗せて運ぶ工夫もできます。

トレーニング方法

❶ 数メートルの長さの線を作り、子どもの視線の高さで壁に印をつける（必要に応じて、文字・絵カード）。

❷ 子どもは、壁と反対側の線の端に立ち、印を見る。

❸ 子どもは、印を見ながら線上を壁に向かって歩く。

❹ 慣れてきたら、そのまま後ずさりするなどのバリエーションを加える。

NO. 21

❸視覚認知能力の活用トレーニング

バランスボード

●	ねらい	目と身体の協応（粗大運動）
●	トレーニング課題	バランスボードで身体の平衡を保つ
●	道具	市販のバランスボード

図13

面の壁の視線の高さに印をつけ、適切な姿勢を促しましょう。

最初は、すぐにボードが傾いてしまうかもしれませんが、自分の姿勢を身体の内側から意識すること自体が有意義です。楽しんで繰り返しましょう。

図14

人は、いつも視覚からの情報を活用しています。たとえば、目を閉じて片足で立とうとすると、バランスをとりにくいことがわかります。

バランスボードに乗る際、子どもの正

子どもが転倒する危険がある場合は、サポーターが手をつなぐなどの支援をしましょう。

市販のバランスボードにはいろいろな素材や形がありますが、子どもの発達に合った安全な物を使用することが望まれます。図13・14のバランスボードは、平らな板の裏に脚がついているものです。

トレーニング方法

❶ （必要に応じて）子どもの正面の視線の高さに印をつける。

❷ 子どもは、バランスボード上で平衡を保つ（身体のバランスをとる体験を重視）。サポーターは、必要に応じて、子どもに手を添えながら安定を保つよう介助をする。

NO. **❸視覚認知能力の活用トレーニング**
22 トレイの上のコマ

● **ねらい**	目と手の協応（微細運動）、目と身体の協応（粗大運動）
● **トレーニング課題**	回るコマをトレイで運ぶ
● **道具**	トレイ、コマ

　トレイは子どもの肩幅ほどの大きさで、面が平らなものがよいでしょう。また、コマが飛び出さないように縁があるものをお勧めします。

　最初は、トレイ上でコマを回すことか
ら練習しましょう。指先を適切な加減でひねる微細運動が促されます。コマが回せたら、それが止まらないうちにトレイを持ち上げ、その場に置き直してみましょう。

次に、それをサポーターに指示された場所まで運びます。慣れてきたら、徐々に運ぶ距離をのばしましょう。

バリエーションとして、一度のコマ回しで子どもが到達できない距離を設定し、途中にもう一つテーブルを置いて中継点とし、コマを回し直す作業を加えても課題の内容が豊かになります。

この場合、子どもにとって、目的地までの計画性が必要となります。中継点のテーブルにさしかかって、まだコマが回っていたら、そのまま目的地まで一挙に行けるだろうか、途中でコマがよれだす可能性を考えると、あえてここで回し直したほうがよいのか……失敗しても楽しい雰囲気づくりが望まれます。

慣れてきたら、コマを1個ではなく2、3個に増やしてみましょう。

トレーニング方法

❶ 子どもは、置かれたトレイの上でコマを回す。

❷ 子どもは、コマが回っている間に、トレイを持ち上げて下ろす。

❸ 上記の課題を達成できたら、サポーターは、トレイを運ぶ目的地を子どもに指示する。

❹ 子どもは、コマが回っている間に、目的地へトレイを運ぶ（必要に応じて、距離やコマの数を増やす）。

NO. 23 ❸視覚認知能力の活用トレーニング
いろいろな図形の分類

● ねらい	色や形の認識、恒常性の維持、部分と全体（分析）、目と手の協応（微細運動）
● トレーニング課題	いろいろな条件で図形を分ける
● 道具	⬇ 教材プリント「いろいろな図形」（㉓-1～4）、紙皿、用紙（必要に応じてトレーシングペーパー）

　ダウンロードした教材プリントには、3色（赤、青、黄）、3種類の図形（円、正三角形、正方形）があり、それぞれに大・小の大きさがあります。それが3セットあるので、最大18種の図形を課題に使用することができます。

　最初は、色、大きさ、形の順に子どもの概念を確認しましょう。

　まず、色の概念に関してです（**図15**）。図形は3色あるので、分けた図形を置く

ために3枚の紙皿を子どもの前に置き、「赤」「青」「黄」に分けさせます。必要に応じて、紙皿に色の名前や色そのものを記すなど工夫してください。

　この課題の目的は、子どもが、大きさや形にとらわれず、「色」という一つの条件だけで整理、分類することをねらいにします。

　同じようにして、子どもの大きさの概念、形の概念も順番に確認しましょう。

図15

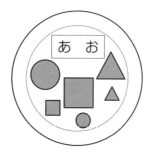

前者は、大小に分けるために２枚の紙皿、後者は３種類の形に分けるために３枚の紙皿を使用します。

　子どもが上記の「色」「大きさ」「形」の理解ができた場合、次に、サポーターは、いろいろな条件を組み合わせて課題を作ってみましょう。

　以下は、その一例です（**図16**）。

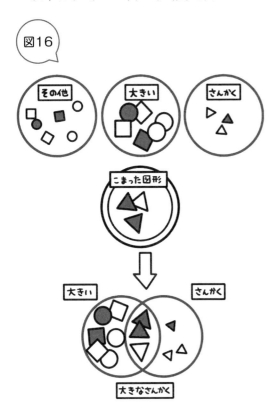

図16

　ここでは、紙皿の代わりにトレーシングペーパーのような半透明な用紙を円形に切って使います。

　たとえば、子どもに「大きなもの」と「三角形」に分けるというように指示します。

　ところで、図形の中には、どちらの特徴も兼ね備えている「大きい三角形」があるわけですが、子どもによっては、実際に分類してみてそれに気づくことがあるでしょう。この課題は、それに気づく体験が大切です。

　課題解決の具体例として、「大きい」もの用、「三角形」用、そして、「その他」用の３枚のシートと、どちらに入れたらよいのか子どもが迷った場合に、「困った図形」を入れる紙皿を１枚用意します。「その他」というのは、大きくもなく三角形でもない、残りの図形が入ります。

　一方、子どもは、分類する過程で「大きい三角形」に出会ったときに、迷うはずです。それを「困った図形」と呼びましょう。子どもが迷わずに、「大きい」か「三角形」かのどちらかに決めてしまう場合は、もう一方にも入ることを話題にして問題点に気づかせましょう。

　最終的に、すべての図形カードを分けてから、「困った図形」が、大きくもあり、三角形でもあることを子どもと再確認し、サポーターは解決策として、２枚のシートの一部分を重ね合わせます。これで、どちらのシートの条件も満たす「大きい三角形」を入れる場所ができあがります。もはや、それらは「困った図形」

ではなく、分類が完結します。

　サポーターは、子どもと解決策を思いついて共感的に喜ぶような雰囲気を大切にしましょう。

　実際に体験しながら、子ども自身が問題を発見できるように、サポーターは、前述の例にこだわらず、難易度を調節した課題を計画してください。

　子どもが、難しくて分けられないと感じるのと、この図形は分けようがないと判断できることは、学習内容も達成度も大きく異なります。

トレーニング方法

❶ 子どもの前に、「赤」「青」「黄」用の3枚の紙皿を並べておき、図形の置き場所を指示する。

❷ 子どもは、すべての図形を皿の上に分ける。

❸ 同じ要領で、大きさの分類、形の分類を施行する

※ 上記の課題が達成可能なら、サポーターは、子どもの発達に合わせて、複数の条件を扱う課題を指示する。

NO. 24

❸ 視覚認知能力の活用トレーニング

ついたての向こう

● ねらい	形の認識・視覚情報の記憶・部分と全体（分析・イメージ）・目と手の協応（微細運動）
● トレーニング課題	ついたて越しに手探りで当てる
● 道具	ついたて（ボール紙など）、安全な日常品

子どもは自分の手元が見えないように、ついたて越しに両手を回して構えます。

ついたては、市販のボール紙１枚を二つ折りして立つようにし、もう１枚のボール紙をその上に置くと容易に作れます。または、本を２冊利用し、１冊を開いて立て、もう１冊を上に置いてもついたてが作れます。

サポーターは子どもに見えないように、ついたて越しに、物を一つ手渡します。子どもは、それを手探りで触れて何であるかを答えます。手渡す物は、安全なものであれば、積木、ブラシ、消しゴムなど、日常で親しみのある物をなんでも利用できます。

課題を易しくするためには、手渡す対象を含めて複数の物を、あらかじめ子どもに見せておきましょう。

イメージ力がある子どもは、見えない物を手探りする場合、実際に目で見るときに確認するのと同じ部分に触れる様子がうかがえます。たとえば、積み木の辺の長さはどうか、向かい合う辺が平行であるか否か、角の数は、大きさは……など、いわゆる見どころを触れる傾向があ

ります。

一方で、形の認識やイメージが苦手な子どもは、積み木の正方形と長方形、ひし形と三角形などは、直接見ても判別が難しいことがあります。

苦手な子どもの場合、積み木を手の中で握りしめたり、面をなでたりと、触れ方が感覚的で論理的ではない傾向があります。その場合、サポーターは、「どのくらいとがっている？」「長い？」など、ヒントを与えましょう。

子どもが課題に慣れてきたら、触れた物の形を紙に描かせると、イメージ力と手の協応の組み合わせになり、さらに、子どもが図形の名称を知らない場合でも、回答できます。

トレーニング方法

❶ 必要に応じて、あらかじめ手渡す物を、子どもに見せる。

❷ 子どもは、ついたて越しに手を回す。

❸ サポーターは、見えないように子どもの手に物を一つ渡す。

❹ 子どもは手探りで、渡された物が何であるかを答える。

❺ サポーターは、子どもの手さぐりの様子を観察する。

NO. 25 ❸視覚認知能力の活用トレーニング
点を結んで図形の完成

● ねらい	形の認識、恒常性の維持、図と地の弁別、部分と全体（分析・イメージ）、方向感覚、目と手の協応（微細運動）
● トレーニング課題	点を線で結んで図形を完成させる
● 道具	教材プリント「点を結んで図形の完成」（㉕-1～10）、鉛筆、消しゴム

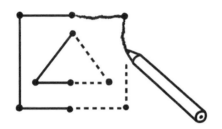

　プリントにあるどの位置の点（●）から線を引き始めても自由です。点と点を結んで、見本と同じ図形を完成させます。基本的にはフリーハンドで線を引きましょう。うまくいかず試行錯誤することもあるので鉛筆と消しゴムを使いましょう。

　子どもが線を引く際、必ず点を通るよう促します。図形が簡素なほど、ついラフな作業になりがちです。引いた線が点を通らず近くをかすめたり、無視をして、

子どもが自分なりの図形を創作しないように注意します。

　子どもによっては、二つの点を線で結ぶ際、図17のように運筆が歪むことがあります。

図17

　この原因の一つに、あらかじめ2点間を見渡さず線を引き始め、目的点をずれてから、初めて正しい位置に気づくことが考えられます。サポーターは、子どもが線を引き始める前に、どこに向かって引くかの確認を促しましょう。その方法

の一つとして、指示するときに「２点間を見なさい」と言うよりも、サポーターが「次に、どこに線を引こうか？」と話題にするだけで、それに応えて子どもが自然に２点間の空間を認識することもあります。

また、１本の直線や曲線上にある複数の点を結ぶ際、子どもによっては全体を通したイメージを抱けず、１区間ずつ区切って線を引くことがありますが、最終的には**図18**のように、複数の点を貫いて結べると良好です。

もし、子どもが、いつまでも複数の点を１本の線上に認知できない場合は、必要に応じて定規を使用しましょう。定規を添えると、そこに直線を発見することができます。

子どもの発達によっては、仕上げた図形の正誤を自分自身で評価できない場合があります。サポーターが説明のために言葉を重ねると、イメージすることが苦手な子どもに、さらに無理なイメージ力を求めることになりかねません。そのような場合、サポーターはトレーシングペーパーに正解を示し、子どもに視覚的に確認させることをお勧めします。

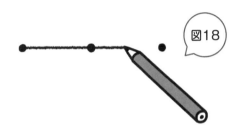

図18

トレーニング方法

❶ 鉛筆と消しゴムを用意する（必要に応じて定規も）。

❷ 子どもは、点を線で結んで、図形全体を描き上げる。

❸ サポーターは必要に応じてヒントや描き直しの指示を出す。

❹ 仕上がりを評価し、子どもと共に確認する（必要に応じてトレーシングペーパーを利用）。

NO.
26
❸視覚認知能力の活用トレーニング
数字の記憶

●	ねらい	形（数字）の認識、視覚情報の記憶、目と手の協応（微細運動）
●	トレーニング課題	複数の数字を指示どおり見て覚える
●	道具	教材プリント「数字カード」（❿-1）の「0〜9（10枚）」、「子どもの視覚認知トレーニングアプリ」、パソコンなど

　このトレーニングは、インターネットのブラウザで「**子どもの視覚認知トレーニングアプリ**」を使用します。

　タイトルのプログラムの中から「**数字の記憶**」を選択し、さらにメニューを選択します（**図19**）。最初は、「順唱」を選択して少ないケタ数で体験してみましょう。

　どの課題も「スタート」をクリックす
ると、**図20**のように画面に数字が現れるので、子どもはその数字の並びを覚えます。数字は制限時間を設けると自動的に消えますが、それ以前に「次へ」をクリックして消すこともできます。

　数字が消えると画面に問題が提示されます。子どもは答えとなる数字カードを記憶にそって並べます。そして、再び「次へ」をクリックすると、画面に先ほどの

図19

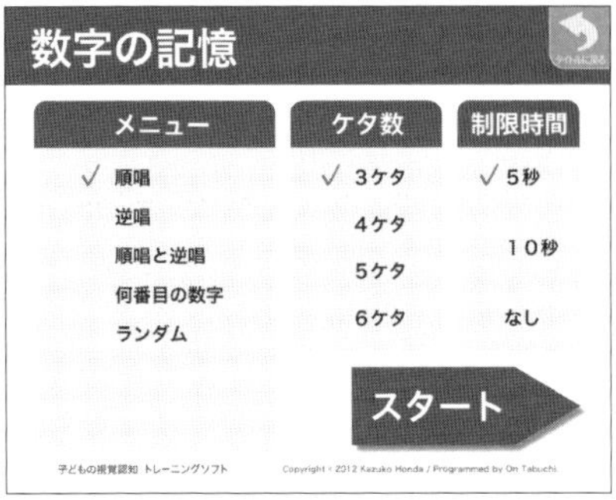

数字の記憶

メニュー	ケタ数	制限時間
✓ 順唱	✓ 3ケタ	✓ 5秒
逆唱	4ケタ	
順唱と逆唱	5ケタ	10秒
何番目の数字	6ケタ	
ランダム		なし

スタート

子どもの視覚認知 トレーニングソフト　　Copyright © 2012 Kazuko Honda / Programmed by On Tabuchi

図20

おぼえましょう

819

次へ ▶

子どもの視覚認知 トレーニングソフト　　Copyright © 2012 Kazuko Honda / Programmed by On Tabuchi

数字が正解として表示されるので答え合わせができます。

このプログラムには、問題数に限界を設けていません。トレーニング量は、子どもの発達に合わせて、あらかじめ問題数、または時間で区切って課題を与えましょう。

メニューの内容を表Aにまとめました。

表A　メニューの内容（数字のケタ数の選択：3・4・5・6ケタ）

メニュー	問　題
「順唱」	・順番にならべましょう
「逆唱」	・逆の順番にならべましょう
「順唱と逆唱」のランダム	・順番にならべましょう ・逆の順番にならべましょう
「何番目の数字」	・右から○番目の数字は？ ・左から○番目の数字は？ ・両端の数字は？
順唱・逆唱・何番目の数字の「ランダム」	・順番にならべましょう ・逆の順番にならべましょう ・右から○番目の数字は？ ・左から○番目の数字は？ ・両端の数字は？

トレーニング方法

❶ メニュー画面から、子どもの発達に適したメニュー、ケタ数「3・4・5・6」、制限時間「5秒・10秒・なし（無制限）」を選択し、スタートする。

❷ 画面に見本が提示される。

❸ 子どもが見本を見て覚える。

❹ 自動的に、または子ども自身による判断で「次へ」をクリックし、見本を消す。

❺ 問題が提示される。

❻ 子どもは、回答の数字カードを並べる（この作業に制限時間は設けない）。

❼ 「次へ」をクリックして、答え合わせをする。

❽ 能力に則した問題数で終了させる。

NO. 27 | 3 視覚認知能力の活用トレーニング
図形の記憶

●	ねらい	形の認識、視覚情報の記憶、方向感覚、目と手の協応（微細運動）
●	トレーニング 課 題	マスの中の図形と位置を見て覚える
●	道 具	教材プリント「いろいろな図形」（23-1～3）、「図形の記憶シート」（27-1または2）、「子どもの視覚認知トレーニングアプリ」、パソコンなど

　このトレーニングは、「子どもの視覚認知トレーニングアプリ」とプリントを使用します。

　画面のマス（格子）の中に現れた図形とその配置を記憶し、その後に再生することで、視覚情報の短期記憶のトレーニングをします。

　なお、画面では、クリックすると図形だけが一瞬でパッと見え隠れするため、目が疲れにくいといわれる暗い背景に黄色の図形にしてあります。実際に手元で使う「図形の記憶シート」は、通常のモノクロのもの（27-1）と背景に配色したもの（27-2）を用意しました。トレーニングする子どもにとって見やすいほうを使用してください。

また、使用する図形は「No.23　いろいろな図形」の「大きな図形」です。配色のシートを使う場合は、図形もそれに合わせて黄色を使ってください。

まず、子どもは、パソコンなどの前に座り、手前に「図形の記憶シート」を置きます。

アプリのタイトルメニューから「図形の記憶」を起動させ、トレーニングする子どもに合わせて難易度（1・2・3）を選択します。

最初は、易しい「1」を選択して体験してみましょう。

スタートをクリックすると画面に見本が提示されるので、子どもはその内容を覚えます。見本の制限時間に関しては、前述の「数字の記憶」と同様です。制限時間を設けた場合、一定の時間で消えますが、子どもが自分の判断で「次へ」をクリックして消すこともできます。

見本が消えたら、子どもは、シートのマスの中に、記憶した図形カードを配置します。そして、再び「次へ」をクリックすると、画面に先ほどの見本が正解として現れます。

もし、子どもの回答に誤りがあった場合でも、画面の正解を見ながら図形を並べ直すことは避けましょう。見本を見ながら完成させるのではなく、見て記憶してはいったん消すことを繰り返して、徐々に正解に近づけます。

そのために「図形の記憶」のプログラムでは、「やりなおし」というボタンが設定されています。「やりなおし」をクリックすると、何度でも同じ見本を繰り返すことが可能です。

1回の施行で完成できるに越したことはないですが、子どもが何回でも答えを見ては、徐々に完成させることで記憶の確認と達成感につながります。

サポーターは、プログラムの中から、達成可能な難易度を選択してください。各難易度の内容を**表B**にまとめました。

ちなみに、マスに占める図形の数は、難易度3でも同じ形が最多で3個ですから、プリント1枚分の図形で足ります。しかし、プリントを2部印刷して図形を増やすと、選択肢が増し、子どもの判断力を促せます。

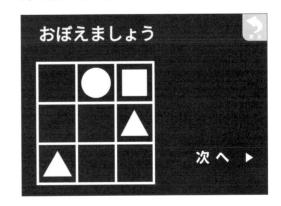

表B 図形の記憶・各難易度の内容

難易度	用意する図形カード
1	○ △ □ 各1枚
2	○ △ □ 各2枚
3	○ △ □ 各3枚

トレーニング方法

❶ メニュー画面から、難易度「1～3」→制限時間「5秒・10秒・なし（無制限）」を選択し、「スタート」する。

❷ 画面に見本が提示される。

❸ 子どもは提示された見本を見て覚える。

❹ 自動的に、または、子ども自身による判断で「次へ」をクリックし、見本を消す。

❺ 子どもは、「図形の記憶シート」の上に回答の図形カードを置く（この作業に制限時間は設けない）。

❻ 「次へ」をクリックする。

❼ 画面を見て、答え合わせをする。

❽ 正解の場合は、「次へ」をクリックし進む。

❾ 誤りがある場合は、「やりなおし」をクリックし、見本に戻る。

❿ 子どもは、見本を記憶し直す。

⓫ 解答が見本どおりになるまで、上記を繰り返す。

4 視覚認知トレーニングの実践方法

　ここではトレーニングの実践を紹介します。次ページに「視覚認知トレーニング表」の例をあげました。表を作ると、子どもにとってもサポーターにとっても、その日の課題がわかりやすく、また、記録になります。

　子どもの向上させたい能力を定め、あらかじめ表の「ねらい」の欄に記入しましょう。一度に目指す「ねらい」は、2〜3個のテーマに絞りましょう。

　次に、それに即したトレーニング課題を表に書き込みます。子どもが飽きてしまわないよう、それらの中から日替わりで課題を選べるように、複数のトレーニングを選びましょう。

　1回のトレーニングにかける時間は、15〜20分くらいです。1回のトレーニング中であらかじめ定めた「ねらい」を、子どもができるまで繰り返すことは避け、数か月単位で変化を期待しましょう。

　例では、眼球運動トレーニングの基本4課題と応用1〜3課題、視覚認知トレーニング1〜3種類を組み合わせてあります。

　子どもの達成感につながるように、トレーニングをしたら課題ごとに、表に○印を付けます。トレーニングは毎日続けると効果的ですが、必要に応じて休みの日を入れながらも続けることが大切です。子どもの生活に合わせて無理のないように調節しましょう。

　白紙のトレーニング表が、付録CDに収録してありますので、印刷して使用してください。

視覚認知トレーニング表(例)

氏　名	学研　太郎　　　(男・女)	年齢(学年)	9歳　(小 3)
ねらい	・眼球運動(主に輻輳とすばやい眼球運動) ・空間感覚(方向)　　・部分の分析と全体のイメージ力		

		トレーニング課題	5/7月	5/8火	5/9水	5/10木	5/11金	5/12土	5/13日
眼球運動トレーニング	基本	見つめよう	○	○	○		○	○	○
		寄り目	○	○	○		○	○	
		ゆっくり眼球運動	○		○		○	○	
		すばやい眼球運動	○	○	○	○	○	○	○
	応用	視線迷路						○	
		ブロックストリング	○						○
		数字ボード		○		○			
		アンダーラインの数字			○				
		カードの分別				○			
		ばらばら数字カード					○		
視覚認知トレーニング		上下左右の器	○			○			
		足踏み		○				○	
		バランスボード				○			○
		トレイ上のコマ			○				
		両手のダンス							
		矢印		○					
		ついたての向こう		○					
		点を結んで図形の完成	○			○		○	

3章

視覚認知トレーニング
の効果

トレーニング前後の検査結果比較

　筆者が勤務していた発達障害のある生徒のための学園では、入学時に全員が視覚認知検査を受けます。その中に**眼球運動発達検査**（以下ＤＥＭ。118ページ参照）と、**図形を模写する検査**（以下ＶＭＩ-5th。118ページ参照）があります。

　ＤＥＭの結果は標準得点という数値で表されます。標準得点とは、100を平均として成績を表した数値で、眼球運動の発達がちょうど実年齢に相応すれば標準得点は100です。一方、実年齢以上の発達がみられた場合は100より大きな数値になり、逆に発達が遅い場合は100より小さな数値で表されます。

▶生徒の眼球運動機能が　大きく向上

　ある年、トレーニング前の検査で、ＤＥＭの標準得点が100未満だった生徒が49名（男子40名、女子9名）いました。年齢は12歳から20歳までの思春期以降の生徒たちです。

　学園のカリキュラムでは、毎日、全員が眼球運動をはじめとした視覚認知ト

レーニングを行っています。

　そこで、一定のトレーニング期間のあと、その効果を確かめるために、彼らに再検査を受けてもらいました。トレーニング期間は、入学当年度の生徒（24名）は約8か月間、入学2年目の生徒（16名）は約1年8か月間、入学3年目の生徒（9名）は約2年8か月間です。

　彼らのトレーニング前後の結果をグラフにしたのが**図1**です。

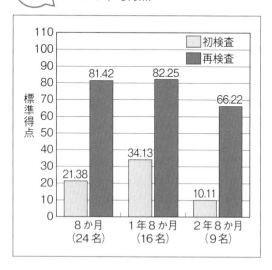

図1 トレーニング期間別の DEMの平均得点

　どのトレーニング期間でも、眼球運動が向上していることがわかります。しかも、

トレーニング期間が最短の8か月間の生徒も、トレーニング期間が長い生徒たちと同様に、すでに眼球運動の向上が見られます（ひょっとしたら、8か月間よりも、もっと短期間のうちに、すでに眼球運動能力が向上していた可能性もあります）。

標準得点の平均である100にはやや及ばないものの、発達障害のある生徒たちの眼球運動機能が、大きく向上したことは確かです。そして、トレーニング期間が長い生徒たちは、初期の時点で得た機能を、その後も維持していると考えられます。

ちなみに学園では、入学時の年齢がさまざまで、学年がトレーニング期間と一致しないため、各トレーニング期間のグループに、いろいろな年齢の生徒が入っています。年齢が低いほど発達が柔軟でトレーニング効果があったのではないかと、年齢別に検討したところ、統計的にその違いがありませんでした。したがって、少なくとも青年期までは、いつから始めてもトレーニング効果が望めると期待しています。

次に、VMI - 5thという検査の結果の話です。この検査では、見本を見ながら、図形を模写してもらいます。目と手の協応の検査です。

さて、VMI - 5thの結果ですが、どのトレーニング期間の生徒も前後で全体の平均点が変わらない、つまり、いっけん、

トレーニング効果が見られませんでした。学校での日常生活では生徒たちの作業力の向上を感じていた著者や学園の教師たちにとって、ちょっと意外でした。

しかし、全体の平均値では個人の発達がつかめません。そこで、生徒の検査結果を個別に見てみました。すると、トレーニング期間に関係なく、得点が下がった生徒がいる一方で、上昇した生徒が49名中22名いることがわかりました。図2のグラフは、その生徒たちの変化です。

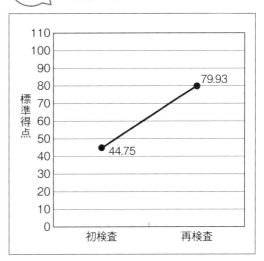

図2　VMI - 5thの結果が向上した生徒（22名）の平均点の変化

こうした生徒の中から、2人の生徒の事例を次に報告しましょう。

多動なＡ君の事例

　Ａ君（ＷＩＳＣ-Ⅲ　ＩＱ104）は、高機能自閉症です。中等部入学当初（12歳）のＡ君は、とにかく落ち着きがありませんでした。姿勢の保持が苦手で、授業中に椅子からなだれ落ちて床に寝ころぶ、あるいは、椅子を大きく揺すり続けて止まらないので、筆記作業もままならない状態でした。

　人懐っこく、おしゃべりですが、場面に応じた会話が苦手、授業中も内容に関係なく思いついたら即、元気な声を張り上げます。

　彼自身、これでよいとは思っていませんでした。Ａ君のお母さんと相談して、教室の椅子の脚に太いゴムひもを渡してあげると、Ａ君は、授業中にそのゴムひもに足をからませることで、自分の多動をコントロールする努力をしました。

　ある放課後、著者が、たまたま人けのない教室をのぞくと、椅子を横にして自分でゴムひもの位置を調節しているＡ君の後ろ姿があり、発達障害の子どもたちが、できることなら少しでも適切に行動したいと願う切実な気持ちに胸を打たれたことがあります。

　さて、このように落ち着かないＡ君は、当初、視線の動きも多動でした。Ａ君は、見るべきものを見るというより、たまたま見えたものに反応するといった調子で、潜在的な知能を生かしにくい状態でした。

　入学当時、眼球運動の様子を確認すると、まず固視の持続は３秒前後、したがって輻輳しようにも近づいてくる指標を見続けられず、寄り目になりません。ゆっくり眼球運動、すばやい眼球運動とも、指標を見失ってキョロキョロしてしまいます。

　はじめのうちは、本人が指標を指さしながら眼球運動トレーニングを続けました。Ａ君は、学園でのトレーニングを重ねるかたわら、季節休暇には、家庭でもトレーニングに励みました。サポーターとしてのお父さん、お母さん、そして何よりもＡ君自身の努力は素晴らしいものです。

　中学３年生（14歳）になったＡ君は、固視10秒、輻輳は目から７センチまで可能、各眼球運動もややぎこちないですが改善し、落ち着いて見るべきものを見るという方略を獲得し始めました。もはや椅子のゴムひもなど、多動を紛らわすものもがなくても、おおむね問題なく授業に参加できるようになりました。

　こうしたことは、教師による総合的な発達支援の賜物であることは言うまでもありませんが、それら支援の一部としての視覚認知トレーニングの効果も含まれていると考えられます。

　図３は、Ａ君のトレーニング前後のＶ

図3 視覚認知トレーニング前後のA君のVMI－5thの変化
（初検査時：12歳　　トレーニング期間：約2年8か月）

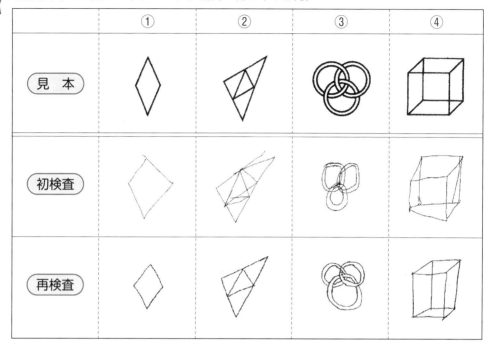

	①	②	③	④
見　本				
初検査				
再検査				

ＭＩ-5ｔｈの模写図形です。

　具体的に、模写図形を見ていくと、まず、①のひし形は、初めは角の大きさが見本と大きく異なりますが、再検査では問題なく辺の方向性をつかみ、角も適切です。

　②の図形は、初検査では、図形の部分の関係を理解できないまま描き始め、修正を重ねてもまとまりませんでした。再検査では、角度や接点の位置を確実に捉えて模写に成功しています。

　③の図形は、初検査では、二重線の重なりに無頓着、つまり、理解できないものは無視していますが、再検査では丹念に細部を認識し、パターンを把握し模写しています。

　図形④は、いわゆる立方体です。初検査では、辺の関係があやふやで全体的にゆがんでいますが、再検査では立方体の辺が平行に向かい合うことをイメージしながら模写に成功しています。このように紙面に描かれた立体を理解できると、面積や体積の概念をつかみやすく、幾何学の学習につながります。

　全体的な検査結果の数値も伸び、初回の検査の標準得点は78、再検査では93でした。

ちなみに、図4は、A君が**グッドイナフ人物画知能検査**（以下DAM。118ページ参照）で描いた人物です。

図4-1　図4-2

A君の人物画

図4-1は初検査で描いた人物画です。人物が、カマを持って立っており、顔を布で覆い隠して片目でこちらを覗いています。A君によると、この人物は、布の下では笑っているそうで、矢印で（笑）と付け加えてあります。しかし、楽しそうには思えません。この人物がA君の周辺に実際にいるはずもないので、それまでの人間関係を象徴しているように思われました。お母さんからの切実な報告では、A君は学園に入学する以前の学校で、理解されずに過ごした経験があるそうです。

一方、A君が再検査で描いた人物（図4-2）は、身体が比較的整っており、かつ、にこやかな表情をしています。この人物は、A君の自画像だそうで、なかな

か上手に特徴をつかんで描いています。つまり、現実的な自己認知能力が培われ、しかも、その自己感が健康的に変化したことは好ましいことです。

その後のA君は、学園の高等部卒業後、専門学校へ進学して行きました。

不安定だったBさんの事例

二人目はBさんの話です。

Bさんは、軽度の知的障害（WISC-Ⅲ　IQ76）があり、初検査時は高等部1年生（14歳）。トレーニング期間8か月を経て、再検査時には15歳でした。図5は、VMI-5thにおいてBさんが描いた模写図形です。ちなみに初検査の標準得点は67で、再検査では71に上がりました。

一般的に、①のひし型の模写ができるのは、ほぼ7歳ですが、初検査時14歳のBさんには、それが難しかったようです。しかし、トレーニング後の再検査では、4つの角を捉えて上手に模写できました。

また、中央の図形②では、形の理解力が大きく向上しています。初検査では、図形を細かくばらばらに捉え、しかも三角形と四角形を混同しています。再検査では、各辺の角度が不正確ではあるものの、大きな三角形の中に、その辺の中心に接するように小さな三角形があること

図5　視覚認知トレーニング前後のBさんのVMI－5thの変化
（初検査時：14歳　　トレーニング期間：約8か月）

	①	②	③
見　本			
初検査			
再検査			

を理解しています。そう認識できたので、自然に大きな三角形の辺が連続して引かれています。

　このように、どの線がどのようにつながっているかを理解できることは、Bさんに限らず、文字学習が苦手な生徒に飛躍的な学習効果が期待できます。

　8個のドットが円状に並ぶ図形③に関しては、初検査よりも再検査では、バランスよく配置することができました。

　図6-1はBさんの高等部入学時の人物画です。図6-2は3年生の休み時間

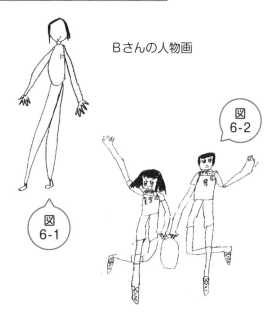

Bさんの人物画

図
6-2

図
6-1

115

に、楽しんで描いた絵を著者に見せてくれたものです。後者は上手に描けたので、非常にご満悦な照れるBさんから絵を借りてコピーさせてもらったのがこの絵です。

後者からは内容の豊かさがうかがえ、Bさん自身もそうした能力をとおして学園生活を楽しんでいることが伝わってきます。

高等部入学当時のBさんは、いっけん明るいが、集団の中で安定して能力を生かせず、たとえば、学校行事の旅行が不安で、その日が近づくとパニックを起こして泣き叫ぶこともありました。そうした時期に描いた**図6-1**には、人物の顔の内容が表現されていませんが、**図6-2**では、男子と女子が協力して、意欲的にスポーツに挑む表情が、生き生きと描かれています。

幼い子どもの場合、数か月の間で、自然な発達によって能力が向上することも考えられます。しかし、A君もBさんも、すでに青年期に至る年齢です。トレーニングをしなくても自らの発達で、急激に視覚情報への理解力を獲得することは考えにくいことです。その分、発達支援と

しての視覚認知トレーニングへの期待は大きいと考えています。

さて、A君やBさんのように、視覚認知トレーニングをとおして成果が見られた生徒がいるとはいえ、先に述べたように、VMI‐5thの全体的な平均点に変化がなかったということは、一方で、得点が下がった生徒がいるということです。

そうした生徒について、学園生活の様子を個々に観察すると、作業能力の発揮にムラがある傾向がうかがえました。こうした特徴は、発達に問題をかかえる多くの子どもたちにありがちなことで、彼らの能力をいかに安定的に引き出すかは、今後の支援課題といえるでしょう。

ところで、学園では検査素材をトレーニングや授業に使うことはなく、生徒たちは、そのときどきの自分の能力を駆使して検査に取り組んでいます。本書を読んでくださっている方も、視覚認知検査を受ける場合、ここで紹介した検査図形そのものを事前に練習することは避けてください。

▶視覚認知検査について

　最後に、子どもの視覚認知の発達を見る検査の概要を紹介します。

　ここでは複数の視覚認知検査を紹介しますが、1人の子どもにすべての検査を実施するのではありません。しかし、一般には、多面的に子どもの発達をつかむために、いくつかの検査を組み合わせて行うことがよいと思います。

　著者は、子どものストレス耐性や知的発達を考慮に入れつつ、「動作性」と「非動作性」の両方の検査を組み合わせて、視覚認知の特徴をつかむようにしています。

　視覚認知の動作性の検査というのは、子どもが数字を音読したり、図形を描いたりする作業をする検査です。

　非動作性の検査とは、用意された既成の選択肢から、子どもが選んで回答する課題で成り立っています。作業能力を必要とせず、選択肢を指さすだけで回答できます。

　では、どうして、それらの検査を組み合わせる必要があるのでしょう。

　動作性の検査だけでは、その結果が低かった場合、検査素材を視覚情報として入力する時点で困難なのか、あるいは見て理解はできるけど出力としての作業の微細運動がうまくいかないのか判明しません。

　一方、非動作性の検査だけだと、入力や判断があやふやでも、消去法でかろうじて正解し、実は、見たものを自力で表現する能力が低いケースが見逃されます。そこで、両方の検査結果を吟味することが必要なのです。

　なお、ここに紹介する諸々の視覚認知検査は、日本では標準化されていません。今後、標準化されることを後進に期待すると共に、著者にとっても課題です。ただし、検査内容は文字を必要とせず、文化や言語に関係なく施行できるので、現状のままの使用も可能です。

　本著は、保護者の方に読みやすいように心がけましたが、紹介する検査に関しては、子どもの発達に関わる教育関係の方が行いましょう。そうした専門家が検査マニュアルを入手する場合は、心理・教育、あるいはオプトメトリー※領域の海外のテスト業者から輸入が可能です（ちなみに、検査マニュアルは英文です）。

※ 視機能に関する専門領域で、その有資格者をオプトメトリストという。

■ 動作性の（作業を必要とする）視覚認知検査

▶ VMI - 6 th：Developmental Test of Visual-Motor Integration-6th（目と手の協応能力の検査 − 第6版）

被検者（検査を受ける人）が、見本の図形を模写する検査です。視覚をとおして理解した図形を、自ら再生することで、視覚認知能力（目）と微細運動能力（手）の協応をみる検査です。

模写の対象は文字ではないので、文化や知識に左右されず、幅広い年齢に対応できる検査であり、検査対象者は幼児から成人まで（2歳〜99歳）、幅広い年齢を網羅しています。

検査素材の図形は、発達段階を踏まえて24種類あり、線や図形の方向性や連続性をはじめとする空間配置、図形の部分の分析と全体のイメージ力、線の重なりや立体図形の理解など多様な視覚認知力が求められます。

▶ DEM：Developmental Eye Movement test（眼球運動発達の検査）

読書時に必要なすばやい眼球運動（衝動性眼球運動）の発達をみる検査です。被検者は、縦（垂直）方向や横（水平）方向に並ぶ数字を、できるだけ速く音読することを求められます。

ただし、間違わないように注意しながら、読みが遅くとも自分に適した速さで音読した場合、前向きな姿勢として評価する必要もあります。

方向感覚や平衡感覚が発達していないと、視線も適切な方向に移動できずに、行を飛ばしたり、あるいは、重複して読んでしまうということが起きます。学習のしにくさをうかがうことができる検査です。

▶ DAM：Draw a Man Test（グッドイナフ人物画知能検査）

この検査では、被検者に人物画を描いてもらいます。DAMは、絵の上手下手ではなく、「人」に関するイメージや身体感覚の発達を評価する検査です。子どもの被検者に、検査として意識させなくても行えるので、サポーターと信頼関係をつくるための楽しい時間として施行することもできます。

人物を描くためには、自分自身の身体感覚や他者の観察も必要です。他者の表情をくみ取ったり、ジェスチャーの意味を理解したり、また、自分からも表現できることは豊かな社会性につながることでしょう。この検査では動作性の知能発達が測れますが、数値だけではつかめない人間理解の特徴も吟味する必要があります。

■ 非動作性の視覚認知検査

▶ ＴＶＰＳ‐４：Test of Visual-Perceptual Skills-4th edition
（視覚スキル検査　第４版）

いろいろな視覚のはたらき（形の認識、恒常性の維持、図と地の分別、記憶、イメージ、空間感覚）を評価する検査です。被検者が回答する際に、作業力は必要がなく、選択肢の中から選んで答えます。

この検査の対象は、幼児から成人まで（５歳〜21歳）可能です。各視覚のはたらきを個別に数値化できるので能力の特徴をつかみやすく、結果を教育や発達支援に生かしやすい検査です。

■ 全体的な視覚発達の検査

▶ ＤＴＶＰ‐２：Development Test of Visual Perception-Second Edition
（視覚発達検査　第２版）

この検査課題には、動作性と非動作性の両方の課題が網羅されています。ただし、この検査には記憶課題がないので、測りたい能力によっては他の検査と組み合わせる必要があります。

ちなみに、この検査の旧バージョンは日本でも「フロスティッグ視覚発達検査」として標準化されています。ＤＴＶＰ‐２では問題数が増え内容も充実し、個別で施行する検査として発展しています。

■ その他の検査

子どもの発達をつかむためには、視覚認知検査だけではなく、知能検査（ＷＩＳＣ、田中ビネーなど）の結果も大切であり、また、必要に応じて教育に関わる他の心理学的検査（Ｋ‐ＡＢＣなど）の結果も参考にする場合があります。

人は、視覚情報を、聴覚をはじめとする他の知覚情報と統合し、外界を認知しています。視覚は重要ではありますが、それだけを取り出して、その子どもの発達全体を語るべきではありません。総合的な観点に立ったうえで、検査後の支援において、保護者、教育現場の教師や言語や運動機能の専門家、医療機関など、その子どもに関わる方々と連携が取れたときが、最も有意義であると考えています。

子どもの電子機器との関わり方

　現在、多くの子どもたちが自分のスマートフォンを持ち、また、学校現場では文部科学省のGIGAスクール構想※により、タブレットやパソコンなどの情報処理機器を使用したICT（Information and Communication Technology）教育の充実が進められています。

　こうした教育は日本のテクノロジーの発展のみならず、個々の子どもたちの将来に向けたグローバルで豊かな未来を築く取り組みといえるでしょう。また、今まさに読み書きに学習の困難さを抱える子どもたちにとっては、それを補う有効な支援にも成り得ます。

　一方で、そうした利点の裏側にはデメリットもあり、インターネットを使用する際のモラルの逸脱や、電子機器を長時間使うことの健康被害も考慮する必要があります。家庭で子どもに電子機器の使い過ぎはいけないと繰り返し伝えても、なかなか素直に改善するものではなく、少なからず悩む保護者もいることでしょう。

　ここでは子ども自身による興味深い夏休みの自由研究を紹介します。東京都内の公立小学校4年生のTさんの夏休み自由研究です。テーマは『ゲームを長時間やりつづけると　ぼくの体と心はどうなるか？』です。

　研究のきっかけは、お母さんが視力への悪影響と依存症を心配し、Tさんは長時間ゲームをすることを禁止されていることに始まります。そこで、Tさんいわく「僕なら、何時間やってもなんともならない自信がある。そこでゲームを長くやったときに自分の体と心に変化があったか観察した」とのこと。

　研究方法としては、夏休み中の5日間、大好きなオンラインゲームを「初日はゲームを2時間、2日目以降は1時間ずつ増やしてやる」こととし、ゲーム前後の身体と心の変化をチェックしたそうです。結果の表の抜粋が以下です。

※ GIGA(Global and Innovation Gateway for All)スクール構想
　「GIGAスクール構想の実現について」(文部科学省)　https://www.mext.go.jp/a_menu/other/index_00001.htm

■研究結果

観察項目 ＼ やった時間	8/16（月）2時間	8/17（火）3時間	8/18（水）4時間	8/19（木）5時間	8/20（金）6時間
目がぼやける	○	○	○	○	○
目が痛い	×	△	○	△	×
目の充血	×	×	×	△	×
首がこる	×	×	△	×	×
かたがこる	○	△	○	×	×
こしのいたみ	△	○	△	×	×
手首のいたみ	○	○	○	○	×
背骨のいたみ	×	○	△	×	×
頭がボーッとする	△	○	○	×	○
イライラする	×	△	×	○	○
目まい	△	×	○	○	○
ねつきが悪い	×	×	×	×	×
次の日の朝の目覚め	△	×	×	○	×

　Tさんの報告では、「3日目、4時間ゲームをやったあと、魂が抜けた感じがした。夕食中にお母さんにちょっかいを出してやめられなくなった。最後に怒られて泣いてしまった。お母さんが言うには、いつもより興奮していたそうだ」とあり、最終的な感想として「ゲームをたくさんできて楽しかった。だけどやり終わったあとは何も考えられず、言葉が浮かばなかった。今後はゲームのやりすぎに注意したい」と報告しています。

　Tさんは自由研究をとおして自分を客観的に観察し、その後の自己コントロールにもつながる有意義な経験をしました。

　もちろん、子どもの尊重すべき個性はさまざまで、電子機器にあまり興味を示さない子どももいることでしょう。しかし、現代社会の多くの子どもにとって、コンピューターゲームは一般的な遊びの文化になっているのも事実です。そこで、一概に全くやってはいけないとも言いにくいわけですが、適度なら楽しいはずの遊びが、情報の入力器官である目の健康や、脳内の情報処理機能の発達を損なうほどのストレスとなっては、元も子もありません。

　各家庭で、電子機器に接する時間や情報の質などのルールを整え、健全なICT生活を営みましょう。

4章

教材の使い方と
ダウンロード

教材の使い方

▶教材の内容

本書の教材「発達障害のある子の視覚認知トレーニング」として、以下の素材などが利用できます（P.140参照）。

① トレーニングで使用する教材プリント（PDFファイル）
② 視覚認知トレーニング表（PDFファイル）
③ 視覚認知トレーニングアプリ

①②のプリント素材はＰＤＦ形式となっていますので、「Adobe Acrobat Reader」がインストールされているパソコンなどで開いて印刷してください。

プリント素材の内容については、128ページからの一覧を参照のうえ、使用したいファイルを選択してください。

「数字ボード」と「両手のダンスシート」はＡ３サイズでも印刷できるようになっていますので、Ａ３用紙対応のプリンターで印刷ができます。

② 「視覚認知トレーニング表」については107ページをご覧ください。

③ 「子どもの視覚認知トレーニングアプリ」はインターネットのブラウザ上で動くソフトウェアです。対応したブラウザで再生いただけます。使い方は以下をご覧ください。

▶「子どもの視覚認知トレーニングアプリ」の使い方

140ページのURLにある「子どもの視覚認知トレーニングアプリ」のアイコンをクリックなどして開いてください（ブラウザはGoogle Chromeを推奨）。まず、タイトル画面が表示されるので、5つのトレーニングメニューの中から選んでクリックします。

各トレーニングで、メニューで速さ設定ができる場合は、「あるく」、「じてんしゃ」、「くるま」の3段階から選べます。また、トレーニング時間を設定できる場合は、「2分間」「4分間」「無制限」などから選べます。

「じゃんけん」
（トレーニングNo.12で使用）

条件に合わせて視覚情報を判断し、自分の身体運動で解答するトレーニングです。

① プログラムの「じゃんけん」を選択すると、メニュー画面が現れます。

② 子どもに合わせて、メニューから「あいこにしましょう」「かちましょう」「まけましょう」の3種の課題から選択します。

③「はやさ」の難易度、「じかん」を選択します。

④ どのメニューでも、画面には、まず相手が出したじゃんけんの絵が、最初の「ポンッ」のかけ声と共に現れま

す。子どもは、それを見て、次の「ポンッ」のかけ声と共に、課題に合わせた自分のじゃんけんを返します。すると直後に答えの絵が画面に出ますから、サポーターは正答であったかを確認してください。

「両手のダンス」
（トレーニングNo.16で使用）

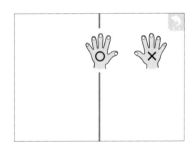

記号化された視覚情報を自分の運動に転換することで、目と手の協応能力やリズム感を促すトレーニングです。

① 教材プリント「両手のダンスシート」を用意します。

② プログラムの「両手のダンス」を選択すると、メニュー画面が現れます。

③「メニュー」には、画面に○×が描かれた手の絵が現れる「まねしましょう」と、「○と×」だけで表される2種の課題があります。○は左手、×は右手の位置を表しています。

④「はやさ」の難易度、「じかん」を選択します。

⑤ ダンスシートを用意してスタートしたら、ダンスシートの上で、画面に出る手の絵や○×と同じ位置に手を置きましょう。

「矢印」
（トレーニングNo.17で使用）

　自分の身体運動をとおして「上・下・左・右」の感覚を獲得するためのトレーニングです。

① プログラムの「矢印」を起動すると、メニューの画面が現れます。

②「メニュー」には8つの課題があります。素材は絵、矢印、文字の単独、それらの組み合わせで構成されています。

③「はやさ」の難易度、「じかん」を選択します。

④ スタートしたら、画面に表示される方向に両手を向けましょう（「2本の矢印」は片手ずつ）。

「数字の記憶」
（トレーニングNo.26で使用）

　数字の列を記憶し、その後に再生することで、視覚情報の短期記憶のトレーニングをするものです。

① 教材プリントの「数字カード」を切り取って子どもの手元に用意します。

② プログラムの「数字の記憶」を選択します。

③ 子どもに難易度を合わせて、「メニュー」「ケタ数」「制限時間」を選びます。

④ どの課題も「スタート」をクリックすると、子どもが覚える数字の見本が現れます。見本は制限時間を設けると自動的に消えますが、それ以前に「次へ」をクリックして先へ進むこともできます。

⑤ 見本が消えると画面に問題が提示されます。子どもは答えとなる数字カードを記憶にそって並べます。再び「次へ」をクリックすると、画面に先ほどの見本として正解が現れるので、サポーターは答え合わせをします。

「図形の記憶」
（トレーニングNo.27で使用）

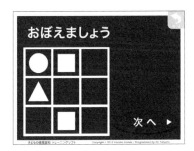

　図形の種類と配置を記憶し、そのあとに再生することで、視覚情報の短期記憶をトレーニングするものです。

① 教材プリント「図形カード」(23)と格子状の台紙「図形の記憶シート」(27－1または27－2)を用意します。

② プログラムの「図形の記憶」を選択します。

③ 子どもに合わせて難易度「1・2・3」と

「制限時間」を選びます。

④ スタートをクリックすると画面に見本が提示されるので、子どもはその内容を覚えます。制限時間を設けた場合、一定の時間で消えますが、子どもが自分の判断で「次へ」をクリックして消すこともできます。

⑤ 見本が消えたら、子どもは、台紙の上に記憶にそって図形カードを配置します。

⑥ 再び「次へ」をクリックすると、画面に先ほどの見本が正解として再び現れます。もし、回答に誤りがあった場合、正解を見ながら図形を並べ直すことは避け、「やりなおし」をクリックし、あらためて見本を覚え直しては消すことを繰り返しつつ、徐々に正解に近づけます。

プリント素材一覧

トレーニングNo.5用

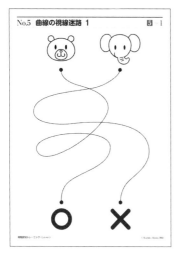

曲線の視線迷路1 (5-1)

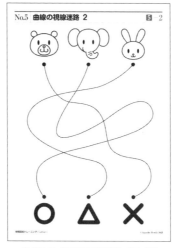

曲線の視線迷路2 (5-2)

直角の視線迷路1 (5-3)

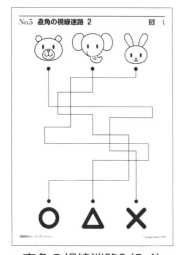

直角の視線迷路2 (5-4)

視線迷路　応用 (5-5)

視線迷路　手作り用1 (5-6)

トレーニングNo.5用

視線迷路　手作り用2 (5-7)　視線迷路　手作り用3 (5-8)

トレーニングNo.7用

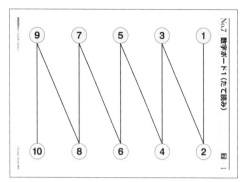

数字ボード1（たて読み）（7-1）

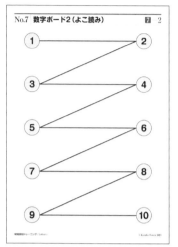

数字ボード2（よこ読み）（7-2）

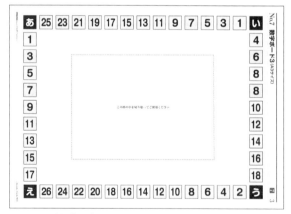

数字ボード3（A3サイズ）（7-3）

数字ボード3（A4サイズ）（7-4）

トレーニングNo.8用

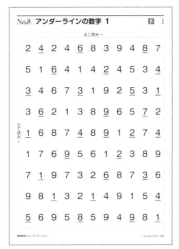

アンダーラインの数字1(8-1)

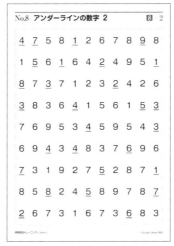

アンダーラインの数字2(8-2)

アンダーラインの数字3(8-3)

アンダーラインの数字
手作り用1(8-4)

アンダーラインの数字
手作り用2(8-5)

アンダーラインの数字
手作り用3(8-6)

トレーニングNo.9用

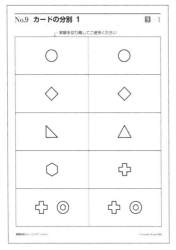

カードの分別1 (9-1)

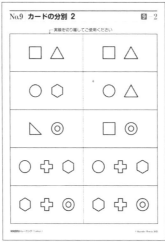

カードの分別2 (9-2)

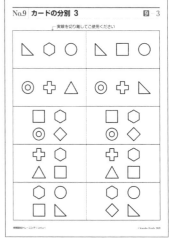

カードの分別3 (9-3)

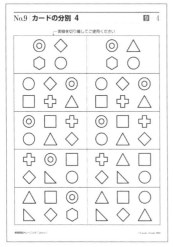

カードの分別4 (9-4)

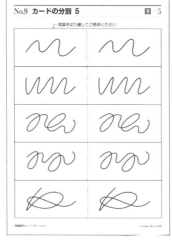

カードの分別5 (9-5)

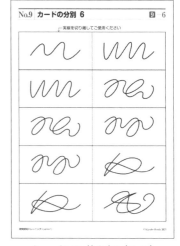

カードの分別6 (9-6)

トレーニングNo.9用

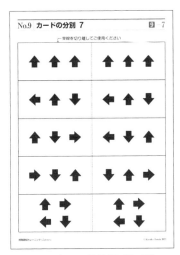

カードの分別7 (9-7)

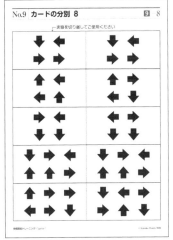

カードの分別8 (9-8)

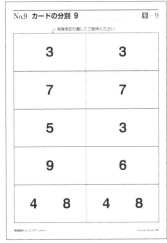

カードの分別9 (9-9)

No.9 カードの分別 10　　9－10

2	5	2	5
6	7	6	1
9	3	9	5
2 4 6		2 4 6	
7 3 9		7 3 9	

カードの分別10 (9-10)

No.9 カードの分別 11　　9－11

5 3 7	5 8 7
0 6 5	9 6 5
7 3 8 4	7 3 8 4
3 7 5 9	3 7 5 9
1 3 5 7	1 3 5 8

カードの分別11 (9-11)

No.9 カードの分別 12　　9－12

9 7 3 8	9 6 3 8
5837694	5837694
3587086	3587085
73924859	73924859
28759704	20739794

カードの分別12 (9-12)

トレーニングNo.9用

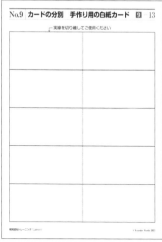

カードの分別
手作り用（9-13）

トレーニングNo.10用

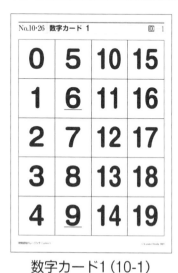

数字カード1（10-1）
※トレーニングNo.26でも使用

数字カード2（10-2）

数字カード3（10-3）

トレーニングNo.16用

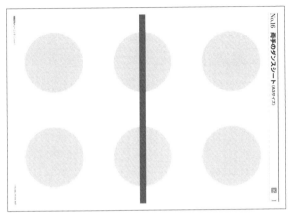

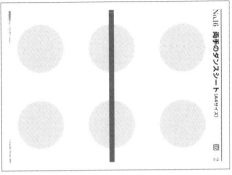

両手のダンスシート（A3サイズ）（16-1）

両手のダンスシート（A4サイズ）（16-2）

トレーニングNo.23・27用

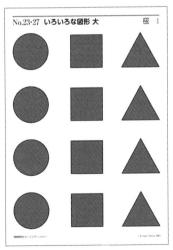

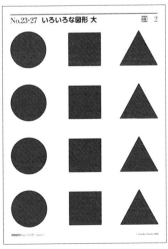

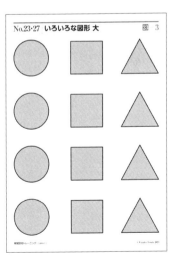

いろいろな図形-大
赤（23-1）

いろいろな図形-大
青（23-2）

いろいろな図形-大
黄（23-3）

トレーニングNo.23用

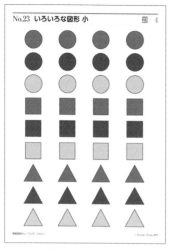

いろいろな図形-小
3色 (23-4)

トレーニングNo.25用

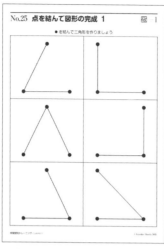

点を結んで図形の完成1
(25-1)

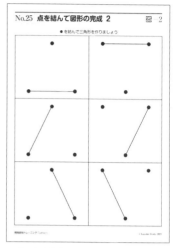

点を結んで図形の完成2
(25-2)

トレーニングNo.25用

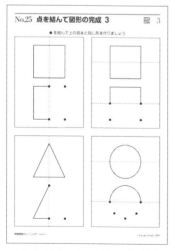

点を結んで図形の完成3
(25-3)

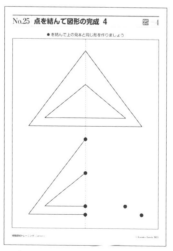

点を結んで図形の完成4
(25-4)

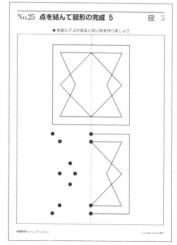

点を結んで図形の完成5
(25-5)

トレーニングNo.25用

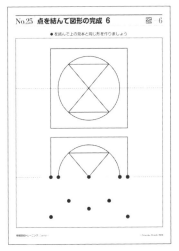

点を結んで図形の完成6
(25-6)

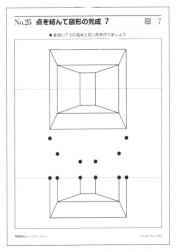

点を結んで図形の完成7
(25-7)

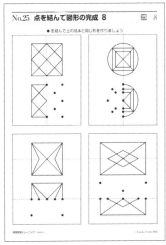

点を結んで図形の完成8
(25-8)

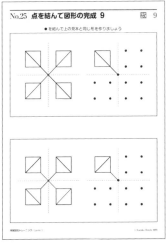

点を結んで図形の完成9
(25-9)

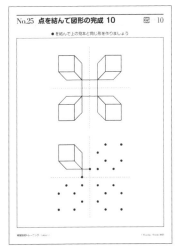

点を結んで図形の完成10
(25-10)

トレーニングNo.27用

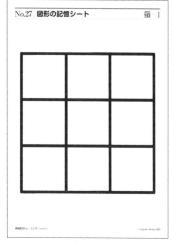

図形の記憶シート（27-1）　　図形の記憶シート（27-2）

視覚認知トレーニング表

⤓ 教材プリントダウンロードのご案内

　本書で紹介されている教材プリントは、ダウンロードしてお使いいただきます。ダウンロード後、お使いの端末にファイルを保存または、そのまま印刷し、ご活用ください。

ダウンロード方法

① 端末のブラウザのアドレスバーに次のURLを入力してください。または二次元コードを読み取ってください。

> https://kids.gakken.co.jp/vp_download01

② 「ダウンロード」のZIPファイル（圧縮ファイル）をクリックしてください。

③ 自動的にダウンロードが開始され、画面にメッセージが表示される場合は、保存先を決めて「保存」を選択してください。
　保存されたZIPファイルを解凍ソフトなどで解凍（展開）するときに、パスワードの入力画面になりますので、以下のパスワードを入力してください。

> ### パスワード：iA4xGWNz

④ 下記のようなフォルダ（Windowsの例）が見られます。

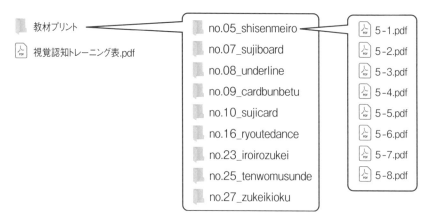

⑤ PDFファイルを印刷してご活用ください。

⊕Webアプリ使用のご案内

① 左ページのURLをお使いのパソコンやタブレット端末（スマートフォンは画面が小さいため推奨いたしません）のブラウザ（Google Chrome推奨）に入力してください。

②「トレーニング用Webアプリ」をクリック（タップ）してください。

③ 下記の画面が表示されたらトレーニングのメニューを選んでスタートします。

⚠ 注 意

当コンテンツは、Google Chromeで動作確認をしております。Google Chrome以外のパソコン用ブラウザ、タブレットでもご利用いただけますが、正しく表示されない恐れがございます。当コンテンツのご利用にはGoogle Chromeを推奨いたします。

なお、Google Chromeを含む各ブラウザは、最新版でのご使用をおすすめします。

※Google® Chromeは、Google Inc.の登録商標です。

動作環境

【閲覧機器】

パソコン、タブレット端末でファイルをご覧いただけます。スマートフォンでのトレーニングアプリの閲覧は推奨しておりません。

【推奨OS、ブラウザのバージョン】

●Windows11、macOS13、iPadOS16
●Google Chrome
（OSも含めて最新版のみ）

⚠ 注 意

- 本データを使用することができるのは、この書籍『発達障害のある子どもの視覚認知トレーニング 改訂版』をご購入の方のみに限定されます。ダウンロードURLおよび二次元コードを配布・公開することは禁止させていただきます。
- すべての教材の再配布は禁止させていただきます。

- 教材のダウンロード、Webアプリ再生には別途通信料がかかり、お客さまのご負担となります。
- PDFファイル閲覧・印刷には、アドビシステムズ社が配布しているAdobe Acrobat Readerが必要です（無償）。

※Adobe® Acrobat Reader®は、アドビシステムズ社の米国およびその他の国における商標または登録商標です。
※Adobe® Acrobat Reader®の不具合や利用方法についてはアドビシステムズ社にお問い合わせください。

あとがきと謝辞

　今回、改訂版出版にあたり、教育現場や保護者、療育者に向けて、わかりやすく使いやすい情報提供を心がけ、視覚認知機能に関する発達支援の話をさせていただきました。

　本著は、著者が関係する民間特別支援教育機関 NPO 法人翔和学園における臨床経験が礎になっています。学園長・伊藤寛晃先生をはじめとする教師の方々や学園顧問のかわばた眼科院長・川端秀仁先生の、教育、医療への常に変わらぬ情熱に心から敬意を表したいと思います。特に当改訂版における眼球運動の動画制作にあたり、翔和学園教師・向井綾先生の出演や、トレーニングアプリの作成過程において田渕温さんの協力を得たことに大変感謝しております。

　そして、著者の勤務先である瀬川記念小児神経学クリニック（東京都千代田区）でのさまざまな小児神経疾患の患者さんとの出会いも貴重な臨床経験となっております。先代の瀬川昌也院長のみならず現院長・星野恭子先生に対し、深い尊敬と感謝の念が絶えません。

　最後に、すべての子どもたちの未来が希望に満ち幸福でありますよう、惜しみない応援の気持ちを送り、締めくくらせていただきます。

本多和子

■ 衝動性眼球運動の計測・解析の協力
　使用機器：ゼロシーセブン株式会社
　https://www.0c7.co.jp
　（急速眼球運動解析装置 EyeLink）

■ 検査協力
　ＮＰＯ法人翔和学園（ＳＵＡ発達障害相談室）
　https://showa-gakuen.net

■ バランスボード（本書挿絵のもの）に関する協力
　元オリンピック強化スタッフコーチ委嘱
　日本体育協会認定コーチ 小関勲氏
　使用機器：まるみつボディバランスボード
　https://www.m-bbb.com

主な参考文献

小林重雄 編『グッドイナフ人物画知能検査ハンドブック』三京房（1977）

岩松鷹司 監修『育てて、しらべる　日本の生きものずかん8　メダカ』集英社（2005）

リサ・A・カーツ 著、川端秀仁 監訳、泉流星 訳『発達障害の子どもの視知覚認知問題への対処−親と専門家のためのガイド』東京書籍（2010）

津田陵仁　自由研究『ゲームを長時間やりつづけるとぼくの体とこころはどうなるか？』東京都公立小学校4年生（2021）

Applied Concepts in Vision Therapy. Leonard J. Press, 1997 Mosby

Developmental Eye Movement test version 1, Examiner's booklet

Jack E.Richman, Ralph P. Garzia, 1987 bernell

Developmental Test of Visual-Motor Integration-5th Administration Scoring and Teaching Manual.

Keith E. Beery, 2004 Modern Curriculum Press

Developmental Test of Visual Perception, 2ed Edition Examiner's manual.

Donald D. Hammill, Nils A. Pearson, Judith K. Voress, 1993 PRO-ED

Motor-Free Visual-Perceptual Test-3ed edition Examiner's Manual.

Ronald P. Colarusso, Donald D. Hammill, 2002 Academic Therapy Publications

Test of Visual-Perceptual Skills-3ed edition Examiner's Manual.

Nancy A. Martin, 2006 Psychological and Educational Publications, Inc.

発達障害のある子どもの

視覚認知トレーニング 改訂版

2012年7月3日　初　版　第1刷発行
2023年4月6日　改訂版　第1刷発行

著　　　者	本多和子
発 行 人	土屋　徹
編 集 人	滝口勝弘
企画編集	相原昌隆
イラスト	石崎伸子
デザイン	江副和弘
アプリ協力	株式会社四国写研・田渕　温
発 行 所	株式会社Gakken 〒141−8416　東京都品川区西五反田2 – 11 – 8
印 刷 所	株式会社リーブルテック

この本に関する各種お問い合わせ先

●本の内容については、下記サイトのお問い合わせフォームよりお願いします。
　https://www.corp-gakken.co.jp/contact/
●在庫については　Tel 03-6431-1250（販売部）
●不良品（落丁、乱丁）については　Tel 0570-000577
　学研業務センター
　〒354-0045　埼玉県入間郡三芳町上富 279 - 1
●上記以外のお問い合わせは
　Tel 0570-056-710（学研グループ総合案内）

© Kazuko Honda 2023 Printed in Japan

学研グループの書籍・雑誌についての新刊情報・詳細情報は、下記をご覧ください。
学研出版サイト　https://hon.gakken.jp/
ヒューマンケアブックス等のサイト　http://www.gakken.jp/human-care/